천천히 제대로 읽는 한국사

천천히 제대로 읽는 한국사 2 고려

ⓒ 김도환, 장선환 2017

초판 1쇄 발행 2017년 2월 15일

지은이 김도환 | **그린이** 장선환 | **펴낸이** 이기섭 | **기획** 이지수 | **편집** 박상육 염미희 최연희 신은선 | **윤문** 김선희
디자인 골무 | **지도** 박성영 | **마케팅** 조재성 정윤성 한성진 정영은 박신영 | **경영지원** 김미란 장혜정

펴낸곳 한겨레출판(주) www.hanibook.co.kr | **주소** 서울시 마포구 공덕동 116-25 한겨레신문사 4층
전화 02-6383-1602~3 | **팩스** 02-6383-1610 | **출판등록** 2006년 1월 4일 제313-2006-00003호

ISBN 979-11-6040-044-1 74910
     979-11-6040-042-7(세트)

- 값은 뒤표지에 있습니다.
- 이 책의 일부 또는 전부를 재사용하려면 반드시 저작권자와 한겨레출판(주) 양측의 동의를 얻어야 합니다.
- KC마크는 이 제품이 공통안전기준에 적합하였음을 의미합니다.
⚠ 책 모서리에 다치지 않게 주의하세요.

천천히 제대로 읽는 한국사 2 고려

김도환 지음 | 장선환 그림

한겨레출판

작가의 말

역사, 재미있게 읽고 제대로 이해하자

"역사란 무엇인가요?" "역사는 왜 배우는 것인가요?"

역사학자들에게는 답하기 꽤 곤란한 질문입니다. 물론 준비된 답변이 없는 것은 아니지만, 질문에 답할 때마다 무엇인가 충분하지 못하다는 느낌을 받습니다. 역사학자로서 솔직하게 답하자면, "왜 험한 산에 오르려 하느냐?"는 질문에 대한 어느 유명한 등산가의 대답과 같습니다. "거기에 그 산이 있기 때문입니다."

질문을 조금 구체화시켜서, "역사를 어떻게 공부하고 어떻게 가르쳐야 하나요?" 하고 물으면 이번에는 답하기가 조금 쉬워집니다. 역사학이라는 학문은 사실과 논리로 구성됩니다. 사실은 과거에 일어난 일, 또는 그 일에 대한 기록을 말합니다. 논리는 그 사실들로부터 중요한 것을 가려내고 인과관계를 밝히며 의미를 찾아내는 따위의 일입니다.

말하기 쉽게 사실과 논리를 나누었지만, 이 두 가지는 분리될 수 없습니다. 많은 사실 중에서 역사적인 가치가 있다고 선택하고 기록하는 일에도 이미 논리(주관)가 개입되니까요. 이렇게 역사는 어떤 사실을 선택해서 어떤 논리로 보느냐에 따라 해석이 달라집니다.

그러면 어린이들도 역사를 배울 때 저마다 다르게 배울 수밖에 없을까요? 꼭 그렇지는 않습니다. 역사학도 다른 학문처럼 배우는 단계가 있습니다. 수학을 배울 때 덧셈 뺄셈부터 배우듯이, 역사를 배울 때도 많은 사람들이 중요하다고 동의하는 사실과 가치 위주로 먼저 배워야 합니다. 그렇다고 역사적 사실이나 가치를 단순히 나열하기만 한 책으로 공부한다면 어린이들이 역사의 흐름을 읽고 이해하기 어려울 뿐 아니라 흥미를 잃기 십상입니다. 반대로 읽기 쉽게 한다는 핑계로 재미 위주로만 쓴 책으로 공부한다면 역사의 흐름을 놓치는 것은 물론이고 사실과 동떨어진 잘못된 역사 지식을 갖게 될 수도 있습니다. 어떻게 하면 어린이들이 역사를 재미있게 공부하고 제대로 이해하도록 도울 수 있을까요? 글쓴이들의 고민은 여기에서부터 출발했습니다.

《천천히 제대로 읽는 한국사》는 먼저 시간의 흐름에 따른 역사의 큰 줄거리를 보여 주려고 노력했습니다. 이를 위해 고전적인 방법이라고 할 수 있는, 정치사 위주의 서술 방법을 선택했습니다. 정치사를 씨줄로 하고 경제·사회·문화 등의 각 분야의 흐름을 날줄처럼 엮어 이해하기 쉽게 설명했습니다.

《천천히 제대로 읽는 한국사》는 역사적 사건과 사건 사이의 연관성이나 인과관계를 또렷이 드러내기 위해 노력했습니다. 역사적 사건에는 배경과 결과들이 시간·공간적으로 얽혀 있게 마련입니다. 《천천히 제대로 읽는 한국사》는 이들 내용을 생략하거나 건너뛰지 않고 꼼꼼히 서술했습니다. 천천히 읽다 보면, '아! 그래서 이런 일이 벌어졌던 것이구나!' 하고 역사의 흐름을 알아 가는 재미를 느낄 수 있을 것입니다. 이렇게 역사를 이해하면 억지로 외워야 할 사건은 크게 줄어듭니다. 역사학자들이 역사에 대해 술술 이야기할 수 있는 비밀도 실은 이 흐름이 머릿속에 들어 있기 때문입니다.

《천천히 제대로 읽는 한국사》는 한국사와 관련된 아시아와 전 세계의 역사도 자세히 살폈습니다. 우리 역사에는 국제 관계 속에서 바라보지 않으면 제대로 이해되지 않는 사건들도 많이 있습니다. 이를 자세히 설명하여 역사적 사건에 대해 깊이 이해할 수 있도록 하였습니다.

이 밖에 '역사 발자국' '인물과 사건' '유물로 보는 역사' 같은 꼭지에서는 본문에서 설명이 부족했던 부분이나 흥미 있는 지식을 담았습니다. 유적과 유물 등의 사진 자료는 시대적인 연관성과 가치를 기준으로 삼아 적절하게 배치했으며, 삽화 또한 고증을 거쳐 최대한 사실에 가깝게 그려 넣었습니다.

부모님과 선생님께서 이 책을 함께 읽고 이야기를 나누어 주시면 어린이들은 자연스럽게 역사에 대한 풍성한 지식과 균형감 있는 관점을 갖추게 될 것입니다.

김도환, 박성준, 이지수

작가의 말 … 4

고려 초기의 사회와 제도

태조 왕건의 통일 정책 … 10
광종의 왕권 강화 … 18
성종의 제도 정비와 〈시무28조〉 … 28
중앙 정치 기구와 지방 제도 정비 … 33
군사 제도 정비 … 37
고려 사회의 신분 제도 … 40
[인물과 사건] 쌍기와 귀화인 … 44
[유물로 보는 역사] 태조 왕건 동상 … 46

귀족 사회의 성립과 발전

고려와 거란의 1차 전쟁 … 50
귀족 사회의 성립 … 56
거란과의 연이은 전쟁과 귀주대첩 … 59
제도 변화와 귀족 사회의 안정 … 66
문벌귀족과 왕위 다툼 … 71
윤관의 9성과 금나라 … 79
[인물과 사건] 문신 출신 장군 강감찬 … 82
[유물로 보는 역사] 고려청자 … 84

무신정권

무신의 난 … 88
무신들의 권력 다툼 … 92
최씨 무신정권의 등장 … 98
민란의 시대 … 103
[인물과 사건] 무신정권 시기의 문신 이규보 … 110
[유물로 보는 역사] 송광사와 조계종 … 112

고려와 원나라

몽골의 침입과 강화도 천도 … 116
계속되는 고려와 몽골의 전쟁 … 122
무신정권의 몰락과 삼별초 … 131
원나라의 간섭 … 137

[인물과 사건] 두 개의 왕위에 오른 충선왕 … 144
[유물로 보는 역사] 팔만대장경 … 146

공민왕의 개혁과 고려의 멸망

권문세족의 횡포 … 150
신진사대부의 등장 … 153
공민왕의 개혁 정치 … 156
우왕의 외교 정책 … 163
위화도 회군 … 169

[인물과 사건] 최영과 이성계 … 176
[유물로 보는 역사] 금속활자 … 178

연표 … 180
찾아보기 … 182

936년
고려, 후삼국 통일

982년
최승로, <시무28조> 올림

918년
왕건, 고려 건국

960년
송나라 건국

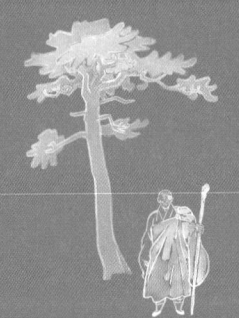
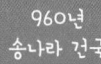

고려 초기의 사회와 제도

고려의 후삼국 통일은 우리 역사에서 두 번째로 이룬 통일이었습니다. 이 두 번째 통일은 신라의 삼국 통일에 비해 몇 가지 점에서 더 큰 의미가 있었습니다. 우선 고구려의 수도였던 평양을 비롯하여 고구려 영토의 일부분을 되찾았습니다. 또 발해 유민을 적극 받아들여 '삼국 통일'이라는 말에 좀 더 걸맞은 통일을 이루었습니다. 나아가 신라와 후백제, 발해의 백성들을 모두 똑같은 고려의 백성으로 받아들였습니다. 이로써 옛 고구려와 백제, 신라의 문화가 통합되어 개방적이고 다양한 문화가 등장할 수 있었습니다.

하지만 문제도 있었습니다. 통일을 위해 태조 왕건이 끌어들인 각 지방의 호족들은 통일 후에도 독자적인 세력을 유지하고 있었습니다. 이들은 지방의 백성들을 각자 나름대로 지배했고 고려 왕실과 중앙 정부의 명령에도 잘 따르지 않았습니다. 고려 왕조는 이러한 호족 세력을 어떻게 대우하고 견제했을까요?

태조 왕건의 통일 정책

태조 왕건은 후삼국을 통일하는 과정에서 무력도 썼지만, 한편으로는 자신을 낮추고 호족들을 정성껏 대우하기도 했습니다. 태조의 이런 방법은 힘으로 억누르기만 하는 것보다 사람들의 마음을 사로잡는 데 훨씬 효과가 있었습니다. 통일신라의 경순왕이 직접 태조에게 나라를 바쳤듯이, 많은 호족들이 태조를 찾아왔습니다. 호족은 통일신라 말기에 나라가 혼란스러워지자 여러 지역에서 자기 나름대로 힘을 쌓아 오던 세력입니다. 호족들은 태조에게 자신이 다스리던 지역을 바치고 신하가 되었습니다.

태조는 호족 세력을 끌어들이고 이들과 좋은 관계를 유지하기 위해 여러 방법을 사용했습니다. 우선, 세력이 큰 호족의 딸과 결혼을 했습니다. 많은 호족들과 혼인 관계를 맺다 보니 태조의 부인은 무려 29명이나 되었습니다. 이 가운데 2명은 정식 결혼한 왕비이고, 나머지 27명은 후궁이었습니다. 이런 결혼은 태조와 호족 모두에게 이익이 되었습니다. 태조로서는 자신을 쉽사리 배신하지 않을 지지 세력을 얻게 되었습니다. 호족 입장에서도 고려의 왕을 사위로 두게 되었으니

든든했습니다. 혹시라도 자기 딸이 아들을 낳아서 왕이 된다면 왕의 외할아버지로서 더 많은 권력을 누릴 수도 있었습니다.

태조는 세력이 좀 약한 호족들에게는 기인제도를 썼습니다. 기인제도는 호족의 아들이나 동생에게 높은 벼슬을 주어서 개경에 머물게 하는 제도입니다. 언뜻 보기에는 호족을 대우해 주는 것 같지만, 좀 더 생각해 보면 지방을 통제하기 위한 정책이기도 했습니다. 아들이나 동생이 인질이 되어 개경에 있으면 지방에 있는 아버지나 형은 함부로 행동할 수 없기 때문이었습니다.

태조 왕건 고려시대와 조선시대에 그려진 태조 왕건 어진들은 임진왜란 등을 거치며 모두 사라졌습니다. 다만, 개성 왕씨 족보에 태조 왕건의 어진을 베껴 그린 그림을 참고해 그렸다는 초상화가 실려 있어 그 모습을 짐작해 볼 수 있습니다.

이 기인제도와 짝을 이루는 것이 사심관제도입니다. 맨 처음 사심관이 된 사람은 신라의 경순왕입니다. 태조는 경순왕이 항복해 오자 두 딸을 시집보내고, 경주를 다스리는 사심관으로 임명했습니다. 그 후 태조는 여러 공신(큰 공을 세운 신하)들을 사심관으로 임명해 지역을 다스리게 했습니다. 사심관은 자신이 맡은 지역의 관리를 임명할 수 있었기 때문에 그 지역에 대한 영향력이 컸습니다. 더욱이 왕이 임명한 사심관이 다스리니 주변 호족들도 함부로 행동하지 못했습니다. 이러한 사심관제도 또한 기인제도처럼 나라에 공을 세운 공신에 대한 우대 정책 같아 보이지만, 지방 세력을 통제하기 위한 정책이기도 했습니다. 사심관제도는 이후 여러 사회 문제를 일으켰지만 27대 왕인 충숙왕 때까지 유지되었습니다.

태조는 또한 힘 있는 호족 가운데 일부에게 왕씨 성을 내려 주어 왕족처럼 대우했습니다. 이것을 '사성정책'이라 하는데, 그 사례로 명주(강원도 강릉) 호족 김순식은 태조로부터 왕씨 성을 받아 왕순식이 되었습니다.

이렇게 태조는 호족 세력을 자기편으로 끌어들이기 위해 그들을 우대하는 동시에 견제하는 정책을 폈습니다. 그렇게 끌어들인 호족 가운데는 후백제의 편이었던 호족도 있었습니다. 견훤의 사위였던 승주(전라남도 순천) 호족 박영규도 태조에게 항복하고 그 부하가 되었습니다.

태조는 옛 고구려의 도읍인 평양을 중요하게 생각했습니다. 왕위에 오르자마자 나라 이름을 고려로 정하고, 평양을 서경(개경 서쪽에 있는 도읍)으로 삼은 것도 그런 이유에서였습니다. 태조는 서경에 군대와 관리와 백성들을 보내서 살게 했습니다. 서경을 중요한 도시로 삼은 데는 고구려의 옛 땅을 되찾겠다는 뜻이 담겨 있었습니다. 이런 노력을 '북진 정책'이라고 합니다. 북진 정책을 통해 고려는 서쪽 청천강 유역과 동쪽 영흥까지 영토를 넓힐 수 있었습니다.

또 발해가 멸망하기 직전에 항복해 온 장군 신덕, 거란과 싸우다가 힘에 부쳐

태조의 건국과 통일 정책

호족 세력 껴안기	혼인 기인제도·사심관제도 사성정책
제도와 영토 정비	개경·서경 정비 호족(공신)을 관료로 임명 북진 정책
사회 통합	세금 부담 덜어 주기, 억울한 노비 해방 발해 유민 받아들임
종교	불교 : 연등회·팔관회 시행, 사찰 건립 유교적 정치 제도 도입 풍수지리

호족 세력을 끌어안고 견제하는 데 온 힘을 기울였어.

개태사 태조 왕건이 후백제를 물리친 것을 기념하여 지은 절. 고려시대에는 태조의 어진을 모셔 둘 만큼 규모가 컸지만, 조선시대에 점차 줄어들다가 임진왜란 전후로 사라졌습니다. 현재 개태사는 1930년대에 다시 지은 절입니다. 충청남도 논산시 연산면.

넘어온 태자(황제의 후계자가 될 아들) 대광현 등 발해 유민들도 적극 받아들이고 대우해 주었습니다.

이처럼 태조는 여러 정책을 펼치며 후삼국을 통일하고 고려의 바탕을 다졌습니다. 아직 해결해야 할 일이 산더미였지만, 태조에게는 남은 시간이 별로 없었습니다. 태조는 죽음을 앞두고 후손들에게 두고두고 새기며 지켜야 할 열 가지 교훈(훈요십조)을 남겼습니다. 훈요십조의 내용을 간추려 볼까요?

1조. 나라의 큰일에는 여러 부처의 도움이 필요하기 때문에 불교 사찰을 세운 것이다. 후세의 간신들이 사찰을 더 세우거나 서로 다투어 빼앗지 못하게 하라.

고려의 건국 과정

송악의 호족이던 왕건은 894년에 궁예의 부하로 들어갔습니다. 그리고는 궁예를 도와 후고구려의 힘을 키우는 데 큰 공을 세웠습니다. 왕건은 918년에 궁예를 몰아내고 스스로 왕위에 올랐습니다.

왕건은 전쟁보다는 평화로운 방식으로 호족을 끌어들이고자 했습니다. 이를 위해 왕건은 호족에게 벼슬을 내리고, 호족과 혼인 관계를 맺기도 했습니다. 그러자 많은 호족들이 왕건 편이 되었고 신라도 고려에 항복했습니다.

후백제를 세워 왕건과 맞서던 견훤은 자식들의 왕위 계승 다툼에 휘말려 태조 왕건에게 항복했습니다. 태조 왕건은 936년에 신검(견훤의 맏아들)이 이끌던 후백제 군사를 크게 물리치고 마침내 통일을 이루었습니다.

태조 왕건은 제도를 정비하고, 호족들을 우대하면서도 견제하고, 백성들의 마음을 하나로 모으기 위한 정책을 펴는 등 고려 왕조의 기틀을 닦았습니다.

2조. 새로 만든 사찰은 도선의 풍수지리설에 따라 세운 것이다. 이 밖에 함부로 사찰을 세우지 마라.

3조. 왕위는 첫째 아들에게 물려주어야 하지만 만일 첫째 아들이 어질지 못하면 둘째 아들이 물려받게 하고, 둘째 아들도 어질지 못하면 여러 형제 가운데 신하들이 뽑은 자가 물려받게 하라.

4조. 우리나라와 중국은 자연환경이나 사람의 성향이 다르니 제도를 반드시 똑같이 할 필요는 없다. 거란은 짐승 같은 나라이니 제도를 본받지 마라.

5조. 서경은 중요한 땅이니 3년에 한 번씩 왕이 가서 백일 동안 머물러라.

6조. 연등회는 부처를 모시는 것이고, 팔관회는 하늘과 산과 강에 제사하는 것이니 더하거나 줄이지 말고 경건하게 행하라.

7조. 신하의 말을 잘 받아들이고 남을 헐뜯는 말을 멀리 하라. 세금을 가볍게 정하여 백성을 편안하게 하라.

8조. 차령산맥 남쪽과 공주강 밖에 있는 사람들은 후백제의 원한을 품고 있으니 권력을 잡지 못하게 하라.

9조. 신하들의 녹봉을 함부로 늘이거나 줄이지 마라. 공을 세운 적이 없는 사람의 벼슬을 높여 주지 말고, 가까운 친척이라고 해서 벼슬을 주어서는 안 된다. 국방을 튼튼히 하고 용맹한 군사는 벼슬을 높여 주어라.

10조. 왕은 경전과 역사를 공부하여 옛일을 거울로 삼아 오늘 일을 경계하고 방심하지 마라.

훈요십조에 따르면 태조는 고려가 고유한 제도를 갖춘 나라로 발전하기를 바랐습니다. 또 고려를 잘 다스리기 위해서는 불교를 높이 기리고, 풍수지리를 중요하게 여기고, 유교의 가르침에 따라 백성을 돌봐야 한다고 말합니다. 후대 왕

도선과 풍수지리

도선

태조는 훈요십조에서 '새로 만든 사찰은 도선의 풍수지리설에 따라 세웠다'고 했습니다. 그만큼 태조는 도선의 풍수지리설을 중요하게 여겼습니다. 도선은 누구이고, 풍수지리설은 대체 무엇일까요?

도선이 실제 인물인지는 확실하지 않습니다. 그나마 믿을 만한 내용을 추려 보면, 도선은 통일신라 말 흥덕왕 때 전라도 영암에서 태어나 승려가 되었습니다. 제자들에게 불교를 가르치면서 널리 이름을 알렸으며, 특히 풍수지리와 도참사상에 밝았습니다.

풍수지리는 '사람이 살기에 좋은 땅을 고르는 일'을 말합니다. 예를 들어 집은 햇볕이 잘 들도록 남쪽을 향하고, 집 뒤에는 겨울 찬바람을 막아 줄 산이 있어야 하고, 집 앞에는 맑은 강이 흘러야 합니다. 여기에 더하여, 풍수지리에는 신비한 이야기가 덧붙여집니다. 즉 땅에는 어떤 기운이 있어서 사람에게 영향을 주는데, 좋은 땅(명당)에 집을 지으면 집안이 복을 받고, 무덤을 만들면 후손이 번영하며, 도읍을 세우면 나라가 발전한다는 것입니다.

도참이란 '앞으로 일어날 일을 미리 예언한다'는 뜻입니다. 풍수지리와 도참사상이 만나면 어느 땅에서는 어떤 인물이 태어나고 어떤 일이 벌어지게 된다는 예언이 생겨 나게 됩니다. 옛날에는 풍수지리와 도참사상에서 비롯된 신비한 이야기가 널리 퍼져 있었습니다. 그중에는 도선과 왕건 이야기도 있었습니다. 도선이 송악을 둘러보고는 훌륭한 사람이 태어날 거라고 예언했는데 2년 뒤 왕건이 태어났다는 것입니다. 이 이야기가 사실인지 누가 지어 냈는지는 알 수 없습니다. 어쨌거나 태조는 도선의 이야기를 믿고 널리 퍼트리면서, 자신이 타고난 운명에 따라 왕이 되었다고 말하고 싶었을 것입니다.

경순왕릉 신라의 마지막 왕인 경순왕의 능(왕의 무덤)은 경기도 연천군에 있습니다. 경순왕은 고려에 항복한 후 주로 개경에서 살았습니다. 고려 조정은 경순왕이 죽은 뒤 시신을 경주로 옮겨 묻으려다가 혹시 옛 신라인들이 반란을 일으킬까 봐 이곳에 능을 만들었다고 합니다.

들이 얼마나 마음에 새겼는지는 알 수 없지만, 훈요십조에는 고려와 왕실을 생각하는 태조의 마음이 담겨 있었습니다.

광종의 왕권 강화

태조는 왕이 되기 전에 이미 두 명의 부인이 있었습니다. 태조가 왕이 되자 두 부인은 왕비가 되었습니다. 태조는 이후 27명의 후궁을 맞아 들였고, 이들에게서 25명의 아들과 7명의 딸을 낳았습니다. 이 가운데 왕비가 낳은 자식은 두 번째 왕비 장화왕후가 낳은 아들 한 명뿐이었습니다.

태조는 이 아들을 태자로 삼아 왕위를 물려주려 했습니다. 하지만 장화왕후는 세력이 큰 호족의 딸이 아니었고, 태자에게 힘이 되어 줄 세력도 없었습니다. 이를 걱정하던 태조는 죽으면서 가장 믿을 만한 부하 박술희에게 태자를 돌봐 달라고 부탁했습니다. 태자는 박술희의 도움으로 무사히 왕위에 올랐습니다. 그가 바로 혜종입니다.

혜종은 태자 시절부터 여러 전투에 참가하여 큰 공을 세웠고 마음도 너그러웠다고 합니다. 하지만 태조가 걱정했던 대로 그를 뒷받침해 줄 세력이 너무 약했습니다. 그 틈을 타서 어머니가 다른 동생 왕요가 왕위를 노렸습니다. 박술희가 권력 다툼으로 죽자 혜종은 제대로 정치를 펼쳐 보지도 못하고 왕위에 오른 지 2년여 만에 세상을 떴습니다.

혜종이 죽자 왕요가 왕위를 이었습니다. 고려의 세 번째 왕 정종입니다. 하지만 여러 호족과 신하들은 정종이 혜종을 죽였다고 의심해 정종을 따르지 않았습니다.

왕 자리가 불안해지자 정종은 도읍을 서경으로 옮기려 했습니다. 정종을 돕던 왕식렴이 서경에서 세력을 떨치고 있었기 때문입니다. 도읍을 옮긴다는 소식에 개경 백성들도 정종에게서 등을 돌렸습니다. 때마침 왕식렴이 갑자기 죽자 불안

태조 왕건 가계도

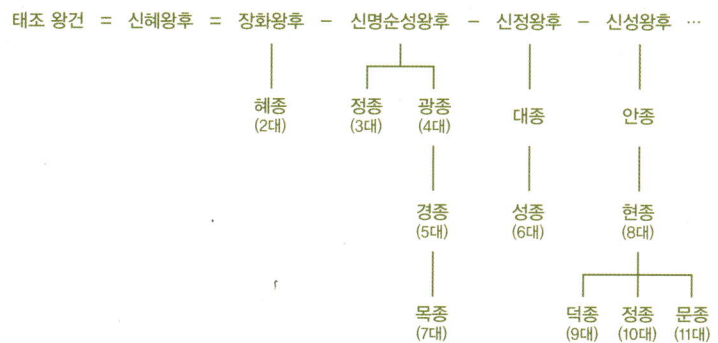

용미리 불상 고려시대 초기에 호족들은 개인적인 기원을 담거나 힘을 뽐내기 위해 불상이나 탑 등을 세웠습니다. 이 때문에 당시 불교 유물은 지방색과 세속적인 모습이 도드라집니다. 경기도 파주시의 용미리 불상도 그런 특징을 보여 주고 있습니다.

에 떨던 정종도 곧 눈을 감고 말았습니다.

이제 누가 정종의 뒤를 이었을까요? 정종에게는 아들이 있었지만, 너무 어렸기 때문에 정종의 친동생이 왕이 되었습니다. 바로 광종입니다. 두 형의 불행한 죽음을 겪은 광종은 어떻게든 호족의 힘을 줄이려 했습니다. 하지만 당장 맞부딪쳤다가는 오히려 자신이 위험해질 수도 있었습니다. 광종은 멀리 내다보고 조금씩 힘을 키워서 호족들과 상대하는 전략을 세웠습니다.

광종은 먼저 그동안 써 오던 중국 연호를 버리고 '광덕'이라는 고려만의 새로운 연호를 사용했습니다. 나라 안팎에 자신이 황제임을 밝힌 것입니다. 광종은 서경으로 도읍을 옮기려던 계획을 멈추고, 호족들에게 많은 상을 내렸습니다. 또 불교 사찰을 지어 백성들 마음을 안정시켰습니다. 그렇게 몇 해가 지나자 많은 호족과 백성들이 광종을 지지하며 따랐습니다.

왕 자리에 오른 지 7년, 단단하게 왕권을 다진 광종은 드디어 본마음을 드러냈습니다. 광종은 먼저 노비안검법을 시행했습니다. 노비안검법이란 강제로 노비가 된 사람들을 다시 양인 신분으로 되돌려 주는 제도입니다. 당시 노비 가운데는 전쟁 때 포로로 잡혀 노비가 되거나, 본래 양인이었지만 가난한 탓에 빚을 지고 이를 갚지 못해 노비가 된 경우도 많았습니다. 광종은 이처럼 억울한 사연을 지닌 노비를 조사해서 모두 풀어 주게 했습니다.

광종이 노비안검법을 시행한 데는 그럴 만한 이유가 있었습니다. 호족은 자신들이 소유한 노비를 부려 농사를 짓게 하거나 군사로 삼아 세력을 키워 왔습니다. 그런 노비가 줄어들면 호족의 힘은 약해질 수밖에 없었습니다. 반대로 고려 왕실과 중앙 정부는 큰 이익을 얻을 수 있었습니다. 양인이 늘어나면 그만큼 많은 노동력과 세금을 나라가 관리하고 거둘 수 있기 때문입니다. 호족들은 노비안검법에 반대했지만 광종은 꿈쩍도 하지 않았습니다.

광종은 또 5대10국 가운데 한 나라인 후주에서 건너와 고려 관료가 된 쌍기의 건의에 따라 과거제도를 실시했습니다. 과거제도는 시험을 통해서 관리를 뽑는 제도입니다. 과거제도는 고려 조정에 큰 변화를 가져왔습니다. 과거제도가 생겨나면서 많은 숫자는 아니었지만 똑똑하고 능력 있는 사람들이 관리로 들어오기 시작한 것입니다. 능력 있는 사람과 함께 일을 하면 능력 없는 사람은 부끄럽겠지요? 힘자랑만 하던 호족 관리들도 부끄러움을 당하지 않으려면 공부를 해야 했습니다.

과거 시험 문제는 대부분 유교 경전에 바탕을 두었습니다. 유교는 신하가 왕에게 충성해야 한다고 가르칩니다. 따라서 과거제도를 통해

광종의 왕권 강화

독자 연호 사용	중국 연호 → 광덕 → 준풍
개경 강화	서경 천도 중단, 개경 이름을 '황도'로 바꿈
호족 견제	노비안검법·과거제도 시행 → 힘이 약해진 호족을 몰아냄
백성 지지 끌어내기	사찰 건립, 노비안검법

"호족 세력을 괴롭혔어."

"어려운 백성을 이롭게 도왔어."

뽑힌 관리들은 왕을 떠받들며 왕의 권위를 높여 주었습니다. 과거제도는 관리를 뽑는 중요한 제도로 자리 잡았으며, 조선시대까지 이어졌습니다.

광종은 관리가 입는 옷(공복) 색깔에 대해서도 규칙을 정했습니다. 벼슬 높낮이에 따라 자주색, 붉은색, 짙은 분홍색, 녹색 네 가지 색깔로 나누어 입게 한 것입니다. 공복은 관료들 사이에 위계질서가 잡히고 맡은 업무가 또렷이 자리 잡았음을 보여 줍니다.

여러 제도를 시행하며 왕권을 크게 강화시킨 광종은 연호를 '준풍'으로 바꾸고, 개경을 '황도'로 고쳐 불렀습니다. 황도는 '황제의 도시'라는 뜻입니다. 이제 누구도 감히 광종의 권위에 도전하지 못했습니다. 이때부터 광종은 닥치는 대로 호족들을 쫓아내고 죽이기 시작했습니다. 권력을 가진 광종 앞에서 호족 세력은 변변한 저항도 하지 못했습니다. 어찌나 많은 호족들을 죽였던지, 훗날 최승로는 6대 왕 성종에게 올린 〈시무28조〉에서, "대대로 공을 세운 신하와 오랜 장수들이 다 죽음을 면하지 못했고 (…) 옛 신하로서 살아남은 자가 40여 명뿐"이라고 밝힐 정도였습니다.

간신히 살아남은 신하들도 광종의 눈치를 보며 벌벌 떨었습니다. 하지만 두려움에 사로잡힌 건 광종 자신도 마찬가지였습니다. 광종은 신하들이 반란을 일으키지는 않을까 늘 의심했습니다. 심지어는 자신의 아들도 믿지 못하여 가까이 오

고려에서 관리가 되는 방법

고려에서는 왕과 신하가 조정에 모여 나라의 크고 작은 일을 결정하고 처리했습니다. 이때 조정에서 일하는 사람을 관리, 벼슬아치라고 합니다. 관리는 관료와 서리를 합쳐 부르는 말입니다. 관료는 정책을 건의하고 결정하는 높은 벼슬아치이고, 서리는 결정된 정책을 시행하는 낮은 벼슬아치입니다.

고려시대에는 어떻게 관리를 뽑았을까요? 고려시대에는 문음제도로 관리가 되는 사람이 가장 많았습니다. 문음제도는 5품 이상 관료의 자손을 관리로 뽑는 제도입니다. 나중에는 관료의 아들뿐 아니라 사위, 동생, 조카와 손자까지 대대로 벼슬을 물려받았습니다.

광종 때부터는 과거제도를 통해서도 관리를 뽑았습니다. 과거에는 문관 관료를 뽑는 문과, 승려를 뽑는 승과, 기술자를 뽑는 잡과, 군인을 뽑는 무과가 있었습니다. 무과는 16대 왕인 예종 때부터 17대 왕인 인종 때까지 몇 차례 치러졌을 뿐입니다. 과거제도로 뽑히는 관리가 점점 늘어나면서 유교는 고려 정부의 통치 사상으로 자리매김했습니다.

이 밖에 학식과 능력이 뛰어난 사람을 주변에서 추천하는 천거제도도 있었지만, 실제 천거제도로 관리가 되는 경우는 그리 많지 않았습니다.

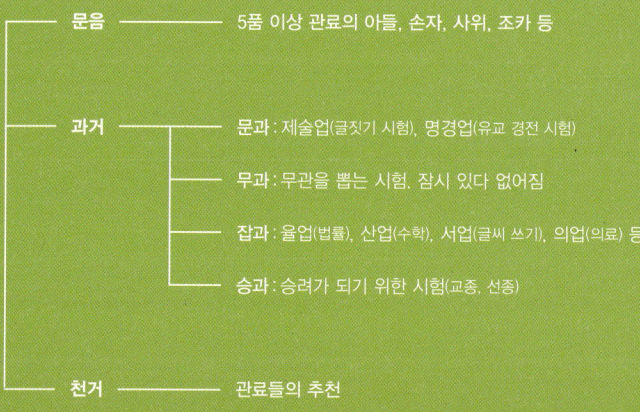

지 못하게 할 정도였습니다. 광종은 또 불교를 지나치게 믿어서 많은 절을 세우고 불교 행사도 자주 벌였습니다. 그러다 보니 광종이 죽을 때쯤에는 나라 살림이 바닥나고 백성들도 등을 돌린 뒤였습니다.

광종이 죽은 뒤 큰아들 경종이 왕이 되었습니다. 경종은 광종의 의심 때문에 태자 시절부터 불안한 나날을 보내야 했습니다. 그래서인지 아버지가 한 일을 모두 뒤집기 시작했습니다. 경종은 광종 때 죽은 이들의 억울함을 풀어 주고, 쫓겨난 사람들을 다시 불러들였습니다. 덕분에 호족 세력은 다시 중앙 정치에 등장할 수 있었습니다. 하지만 이때 호족은 이미 예전처럼 위세를 부릴 수 없을 만큼 세력이 약해져 있었습니다. 경종은 그런 호족을 우대하면서 힘을 키워 주었습니다. 경종의 이런 정책은 새로 만든 전시과제도에도 그대로 나타납니다.

전시과는 관료들에게 등급에 따라 농사짓는 땅[전]과 땔감이 나오는 땅[시]을 나누어 주고, 그곳에서 세금을 걷을 수 있게 한 제도입니다. 여기서 등급은 벼슬의 높낮이만 따져 매긴 것이 아니었습니다. 벼슬이 없더라도 세력이 큰 호족, 고려를 세우는 데 공을 세운 공신, 또는 그 후손에게 많은 전시를 주었습니다. 이때부터 호족들은 왕의 신하로서 대대로 높은 벼슬을 이어 가는 귀족이 되었습니다. 이처럼 전시과는 왕권과 호족(귀족) 세력의 타협으로 성립되었습니다. 전시과제도는 훗날 조금씩 바뀌는데, 이를 구별하기 위해 경종 때 처음 정한 전시과를 '시정전시과'라고 합니다.

호족 가운데는 개경에 올라가 벼슬을 받고 싶어하지 않는 사람들도 있었습니다. 이들은 자신이 영향력을 행사하던 지역에서 향리가 되었습니다. 고려시대의 향리는 그 지역을 실제로 지배하던 실력자였습니다.

고려 초기 역사와 함께 한 최지몽

최지몽은 전라도 영암의 호족 출신으로, 원래 이름은 최총진이었습니다. 그는 어려서부터 공부를 좋아하여 유교 경전과 천문에 밝았으며, 앞날을 점치는 능력까지 갖추었다고 합니다.

최총진이 점을 잘 친다는 소식을 전해들은 왕건은 924년에 최총진을 불러들였습니다. 왕건이 최총진에게 자신이 꾼 꿈 이야기를 들려주자 최총진은 태조가 후삼국을 통일할 꿈이라고 풀이했습니다. 그 말에 왕건은 크게 기뻐하며 최총진에게 '꿈을 잘 알아맞히다'는 뜻의 '지몽'이라는 이름을 내렸습니다. 이때부터 최지몽은 늘 태조 왕건의 곁을 지키는 충실한 신하가 되었습니다. 이때 최총진의 나이는 겨우 열여덟 살이었습니다.

혜종 때 왕규가 반란을 일으키려 했는데, 최지몽이 별자리로 점을 쳐서 그 사실을 알고 혜종과 왕요(훗날 정종)에게 알렸습니다. 왕요는 최지몽의 말에 따라 미리 대비해서 왕규의 반란을 막을 수 있었습니다. 왕요(정종)는 왕이 된 뒤 그 공로를 인정하여 최지몽에게 큰 상을 내렸습니다.

정종의 뒤를 이은 광종은 호족 세력을 억누르는 정책을 시행했습니다. 최지몽도 그 칼날만큼은 피해 가지 못했습니다. 최지몽은 술에 취해 잘못된 행동을 했다는 이유로 11년 동안 유배 생활을 했습니다. 광종이 죽고 경종이 왕이 된 뒤에야 최지몽은 개경으로 돌아와 다시 벼슬자리에 올랐습니다. 최지몽은 성종 때까지 관료로서 최고의 대우를 받다가 여든한 살에 세상을 떴습니다.

호족 세력 출신의 문신 관료이자 도참사상가였던 최지몽의 삶은 고려 초기의 역사를 그대로 보여 줍니다. 후손들은 1972년 전라남도 영암군에 국암사라는 사당을 세워 그를 기념하고 있습니다.

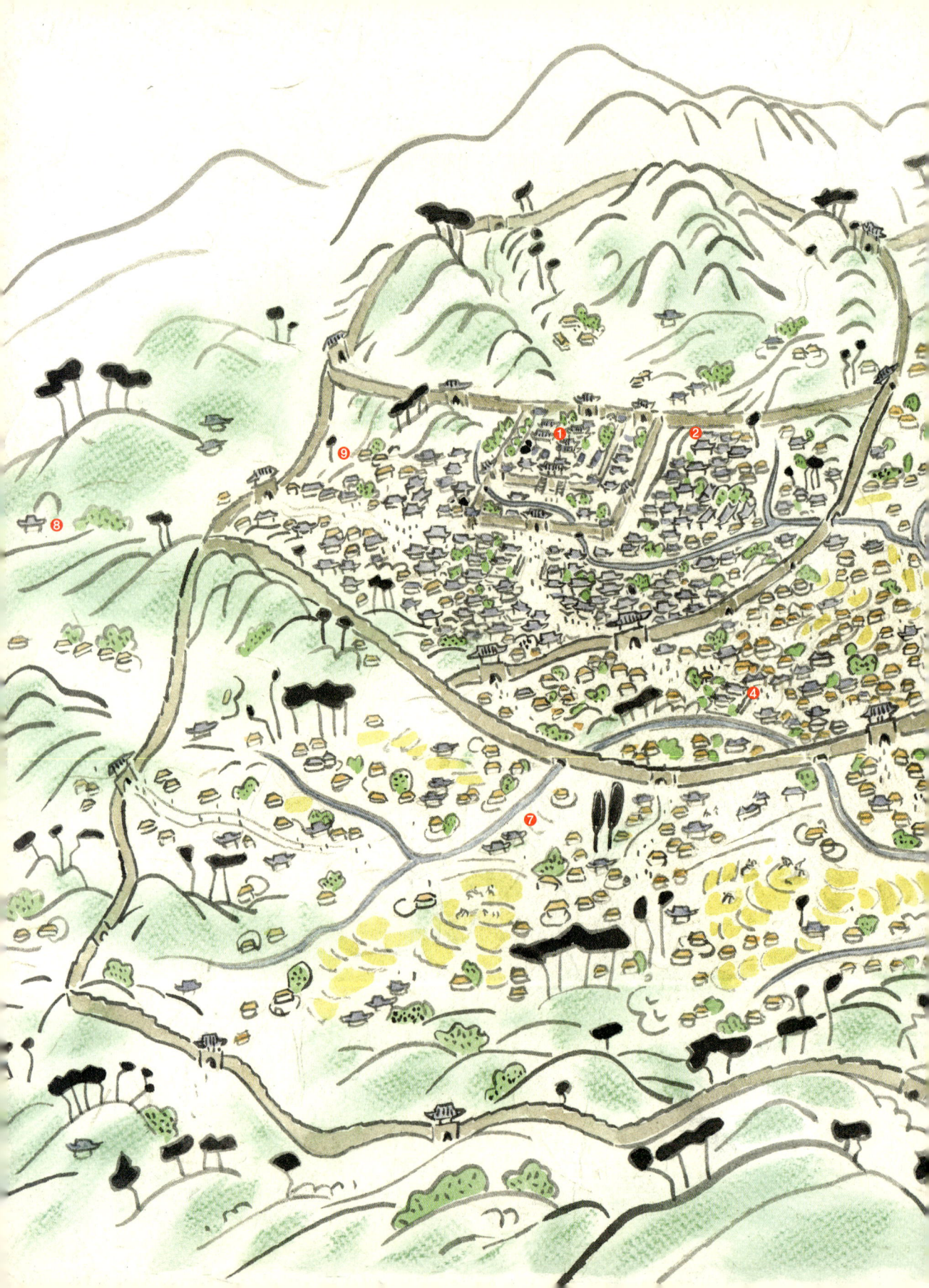

성종의 제도 정비와 〈시무28조〉

경종은 왕위에 오른 지 얼마 되지 않아 정치에 흥미를 잃었습니다. 신하들도 만나지 않고 놀기만 했습니다. 그러다가 7년째 되는 해에 한 살짜리 아들을 남겨 둔 채 죽고 말았습니다. 이 아들이 너무 어렸기 때문에 신하들은 태조의 손자 가운데 훌륭한 사람을 가려 뽑아 왕으로 모셨습니다. 태조가 남긴 훈요십조의 3조에 따른 것이었습니다. 이 사람이 바로 성종입니다.

어려서부터 유교 경전을 열심히 공부한 성종은 고려를 유교의 가르침에 따라 다스리려 했습니다. 국가 제도를 유교 원리에 걸맞게 바꾸고, 사람들 마음과 행동도 유교 덕목에 따르도록 했습니다.

그때까지 고려 사회와 조정에는 불교와 풍수지리 사상에 기대는 분위기가 퍼져 있었습니다. 하지만 불교와 풍수지리사상으로 나라를 이끌어 갈 수는 없었습니다. 우선, 불교는 모든 사람이 부처가 되기를 바라는 종교입니다. 사람은 욕심을 가지고 있기 때문에 늘 무엇인가에 얽매어 있습니다. 그러다 보면 나쁜 행동도 하게 되는데 불교에서는 그런 행동의 결과 삶이 바퀴처럼 돌고 도는 윤회에 빠진다고 말합니다. 이 윤회에서 벗어나기 위해서는 어떤 것에도 얽매이지 않는 완전한 자유 상태, 즉 깨달음(해탈)에 이르러야 합니다. 해탈하면 윤회에서 벗어나서 부처가 될 수 있습니다. 이처럼 불교에서는 개개인이 모든 인연을 끊고 오직 깨달음을 얻기 위해 노력하라고 가르칩니다. 따라서 국가와 정치와 현실 세계에는 그다지 관심을 기울이지 않습니다.

풍수지리에서는 좋은 땅(명당)에 좋은 기운이 흐른다고 믿습니다. 명당에 무덤을 쓰거나 집을 짓거나 나라의 도읍을 정하면 그 사람과 자손이 잘되고 나라가 발전한다는 것입니다. 풍수지리는 미래에 어떤 일이 일어날지 몰라 불안해하는 사람들에게 위안을 주었습니다. 하지만 빠르고 복잡하게 돌아가는 현실 정치에는 그다지 큰 도움이 되지 못했습니다.

개경과 서경은 풍수지리에 따라 세워졌어.

그렇다면 유교는 어떨까요? 유교는 불교나 풍수지리와는 아주 다릅니다. 유교는 죽은 이후의 세계에는 별 관심이 없습니다. 그보다는 어떻게 하면 사람이 현실에서 사람답게 살아갈 수 있을까를 고민합니다. 유교에서는 한 사람 한 사람이 하늘이 정해 준 이치에 따라 착하고 성실하게 살아야 하며, 나아가 왕과 신하가 정치를 올바르게 펼쳐야 한다고 가르쳤습니다. 따라서 유교를 공부한 사람들은 정치에 깊이 관심을 기울였고 기꺼이 벼슬자리에 올랐습니다.

이 시기에 고려는 아직 국가 제도와 기틀이 제대로 마련되어 있지 않았습니다. 고려가 발전하려면 유교적인 제도가 필요했습니다. 성종은 유교를 공부한 신하들을 가까이 두고 함께 국가 제도를 고쳐 갔습니다. 중앙 관리 제도와 지방 행정 제도, 군사 조직을 체계적으로 다듬어 갔습니다.

정치는 유교의 가르침에 따라 이뤄졌어.

성종의 신하들 가운데 가장 돋보인 사람은 최승로였습니다. 최승로는 어려서부터 아주 똑똑했다고 합니다. 열두 살 때 태조 앞에서 유교 경전 《논어》를 읽기도 했으며, 청년 시절에는 이미 나라에서 손 꼽히는 학자였습니다. 최승로는 성종이 왕위에 오르자 〈시무28조〉를 지어 올렸습니다. '시무28조'는 '당장 시행해야 할[시] 과제[무] 28가지'라는 뜻입니다. 28개 조항 가운데 현재는 22개 조항만 전해집니다. 〈시무28조〉가 어떤 내용을 담고 있는지 살펴볼까요?

국자감 국자감은 고려시대에 유학을 가르치던 국립 교육 기관입니다. 유교를 적극 받아들여 국가 제도를 정비한 성종 때 세워진 것으로 보이며 이후 국학, 성균관 등으로 이름을 바꾸었습니다. 황해도 개성시.

1조. 북쪽 국경을 튼튼히 지키되 비용은 줄일 것

2조. 불교 행사를 줄일 것

3조. 왕을 지키는 군사의 숫자를 줄일 것

4조. 백성에 대한 사소한 혜택은 줄이고 상과 벌을 분명하게 할 것

5조. 외국에 보내는 사신을 줄이고 무역은 사신이 오갈 때만 할 것

6조. 사찰(절)에서 백성의 돈을 함부로 거두지 못하게 할 것

7조. 여러 지방에 수령을 보내어 백성을 보살피게 할 것

8조. 궁궐에 머물고 있는 승려 여철을 절로 돌려보낼 것

9조. 신분에 따라 옷을 다르게 갖추어 입도록 할 것

10조. 나라에서 운영하는 객관이나 역에 승려가 머물지 못하게 할 것

11조. 중국의 제도와 학문을 받아들이되 고려의 고유한 풍속도 지킬 것

12조. 섬에 사는 백성들에게 세금을 너무 많이 거두어들이지 말 것

13조. 연등회와 팔관회에 백성을 너무 동원하지 말고 비용도 줄일 것

14조. 왕은 겸손하게 행동하고 신하들을 잘 대우해 줄 것

15조. 궁궐 안의 노비와 기르는 말의 숫자를 줄일 것

16조. 절을 함부로 더 짓지 못하게 할 것

17조. 지위와 신분에 따라 집 크기를 제한할 것

18조. 불상을 만들 때 금과 은을 쓰지 못하게 할 것

19조. 후삼국 통일 때 공을 세운 사람들 자손에게 벼슬을 줄 것

20조. 유교 원리에 따라 나라를 운영할 것

21조. 제사를 너무 많이 지내지 말 것

22조. 양인과 천인, 노비와 주인의 구별을 또렷하게 할 것

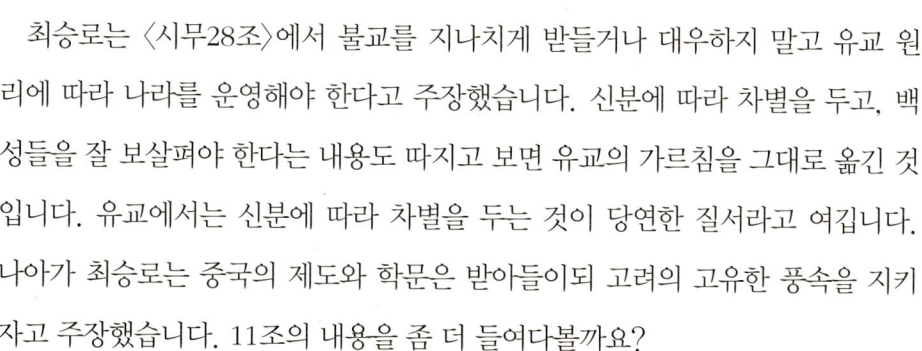

고려가 발전하려면 유교의 가르침에 따라야 해!

최승로는 〈시무28조〉에서 불교를 지나치게 받들거나 대우하지 말고 유교 원리에 따라 나라를 운영해야 한다고 주장했습니다. 신분에 따라 차별을 두고, 백성들을 잘 보살펴야 한다는 내용도 따지고 보면 유교의 가르침을 그대로 옮긴 것입니다. 유교에서는 신분에 따라 차별을 두는 것이 당연한 질서라고 여깁니다. 나아가 최승로는 중국의 제도와 학문은 받아들이되 고려의 고유한 풍속을 지키자고 주장했습니다. 11조의 내용을 좀 더 들여다볼까요?

중국의 제도를 따르지 않을 수는 없습니다. 그러나 천하의 풍속은 각기 그 지역 특성에 따라 달라서 모두 중국식으로 바꾸기 어렵습니다. 예절과 음악, 시와 글에 대한 가르침이나 왕과 신하, 아버지와 아들 사이의 도덕 같은 것은 마땅히 중국을 모범으로 삼아 우리 풍속을 고쳐야 합니다. 그 나머지 수레나 말 타기, 옷과 같은 것은 우리 풍속을 따를 수 있게 하되 사치와 절약을 적절히 조절해야 합니다. 굳이 모든 것을 중국과 똑같이 할 필요는 없습니다.

팔관회와 연등회

연등회와 팔관회는 신라 때 생겨난 불교 행사이며, 태조의 유언(훈요십조)에 따라 고려 왕조 내내 이어졌습니다.

연등회는 불교 사찰뿐 아니라 백성들의 집과 거리에 연등을 내걸고 나라와 개인의 소원을 비는 행사입니다. 연등은 종이로 만든 연꽃 모양

오늘날의 연등회 행사 모습

의 등불입니다. 사람들은 연등을 내걸며, 등불이 어둠을 밝히듯 부처의 말씀이 온 세상을 밝게 비추기를 바랐습니다. 고려 때는 음력 1월 15일이나 2월 15일 가운데 하루, 부처님 오신 날(음력 4월 8일), 그리고 나라에 큰일이 생겼을 때 연등을 걸었습니다. 불교를 억누른 조선시대에도 부처님 오신 날에는 연등을 내걸고 행사를 치렀습니다. 오늘날에도 부처님 오신 날에는 불교 사찰을 중심으로 국가적인 연등 행사를 합니다.

팔관회는 불교에서 가르치는 여덟 가지 규칙을 지키는 행사입니다. 사람들은 해마다 음력 11월 15일 하루 동안 생명을 죽이지 않고, 도둑질하지 않고, 간음하지 않고, 거짓말이나 빈말을 하지 않고, 술을 마시지 않고, 사치스럽게 지내지 않고, 높은 자리에 오르지 않고, 오후에는 먹지 않았습니다. 그러니까 그날 하루만큼은 스님처럼 살아 보는 것입니다.

연등회와 팔관회 때는 고려 왕실에서도 화려하게 잔치를 열거나, 성대하게 제사를 올렸습니다. 이때 너무 많은 비용이 들어가서, 성종 때는 최승로의 건의(《시무28조》)에 따라 한동안 중단되기도 했습니다.

이처럼 최승로는 고려의 독자적인 문화 또한 중요하게 여겼습니다. 유교를 공부한 유학자는 중국 문물을 무조건 귀하게 여기고 따랐을 것 같지만, 사실 고려 초기에는 그렇지 않았습니다. 고려 초기의 유학자들은 자신만이 옳다고 고집하지 않았고, 불교를 비판했지만 그렇다고 아예 없애려고 하지도 않았습니다. 최승로의 〈시무28조〉는 이런 고려 초기 유교의 특징을 잘 보여 줍니다.

중앙 정치 기구와 지방 제도 정비

성종은 〈시무28조〉를 기준으로 삼아 중앙과 지방의 제도를 새롭게 바꾸고, 나라를 운영해 갔습니다. 성종은 먼저 당나라의 '3성 6부' 제도를 들여와 중앙 정치 기구를 다듬었습니다. 3성은 중서성·문하성·상서성을 묶어서 이르는 말이고, 6부는 이부·병부·호부·형부·예부·공부를 일컫는 말입니다. 성종은 이것을 고려 형편에 맞게 '2성 6부'로 고쳤습니다. 2성은 중서문하성과 상서성이고, 6부는 당나라 제도와 같았습니다.

중서문하성은 2품 이상의 관료가 모여 나라의 중요한 일을 의논하고 결정하는 재신과 3품~7품의 관료가 모여 왕과 고위 관료의 잘잘못을 따지고 비판하는 낭사로 이루어져 있었습니다. 상서성은 중서문하성에서 결정한 정책을 바탕으로 6부를 관리했습니다.

6부는 각자 전문 분야를 맡아 실무를 처리했습니다. 이부는 문관 관료를 임명·관리했고, 병부는 무관을 임명하고 군사 업무를 처리했으며, 호부는 세금을 걷어 나라 살림을 관리했고, 형부는 법률과 치안을 맡았고, 예부는 나라의 제사와 행사를 진행했으며, 공부는 산과 강을 관리하고 공공건물을 짓고 나라에서 필요한 여러 물건을 만들었습니다.

이처럼 고려의 중요한 정치와 행정은 2성 6부를 중심으로 이루어졌습니다. 이 밖에도 중앙 정치 기구에는 2성 6부에서 미처 다루지 못하는 업무를 맡은 기관이 있었습니다. 도병마사는 주로 다른 나라와 국경 분쟁이 일어나거나 전쟁이 터졌을 때 정책을 결정하는 기구이고, 식목도감은 나라에서 지킬 규칙과 제도를 만드는 기관이었습니다. 도병마사와 식목도감은 어떤 문제가 생겼을 때 운영되는 특별 기구였습니다. 도병마사는 훗날 원나라의 압력 아래 도평의사사로 바뀌면서 나라의 중요한 정책을 결정하는 최고 기관으로 자리 잡게 됩니다.

또 중추원은 왕을 보호하고 왕의 명령을 받아서 알리는 일을 맡았고, 사헌대(어사대)는 관리들이 잘못을 저지르는지 감시하고 나라의 풍속을 바로잡았으며, 삼사는 세금을 얼마나 거두고 어디에 썼는지 계산하고 기록했습니다.

고려 초기 중앙 정부

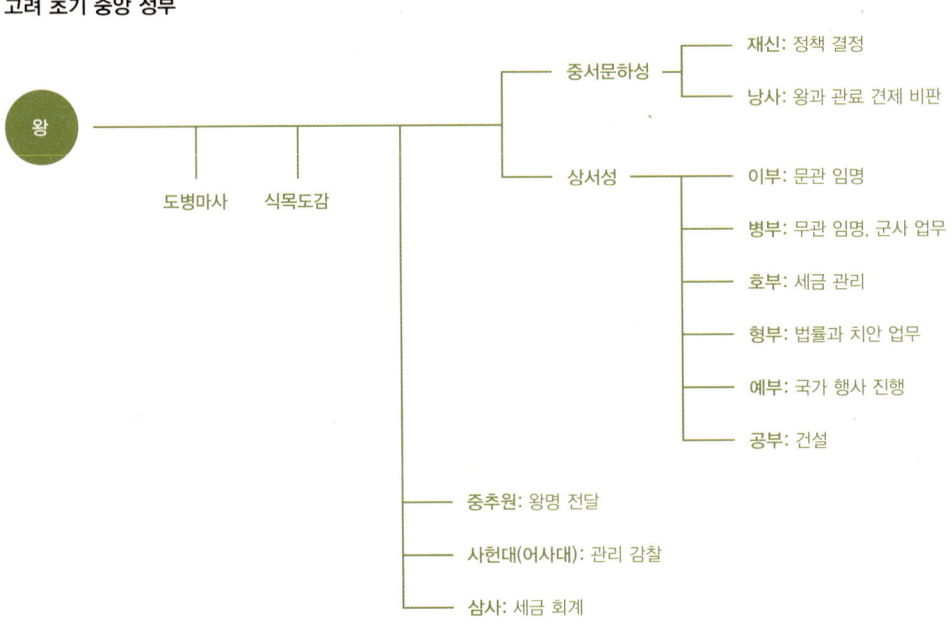

개경 남대문 개경은 궁궐을 보호하기 위해 성을 여러 겹으로 둘러 쌓았습니다. 개경 남대문은 내성의 남쪽에 1394년(태조 3년)에 세워졌으며, 1950년 한국전쟁 때 크게 부서졌다가 1954년에 다시 복구했습니다.

성종은 지방 제도도 새로이 정비했습니다. 최승로는 〈시무28조〉의 7조에 당시 지방의 상황을 이렇게 써 놓았습니다.

> 왕이 백성을 다스릴 때 집집마다 찾아가서 날마다 그들을 살펴보는 것이 아닙니다. 수령을 나누어 보내 백성의 형편을 살피게 하는 것입니다. 태조께서도 통일한 뒤에 수령을 보내려고 하였지만, 일이 많아 미처 그럴 겨를이 없었습니다. 제가 살펴보니 시골 토호(호족)들이 늘 나랏일을 핑계로 백성들을 괴롭히고 있습니다. 백성들은 그 괴로움을 견디지 못할 지경이니 수령을 보내 다스리게 해야 합니다. 모든 곳에 다 수령을 보낼 수는 없겠지만 우선 10여 개 고을에 한 사람씩이라도 수령을 보내어 백성을 보살피게 해야 합니다.

고려 초기의 지방 제도 고려는 초기에 지방 제도를 정비했지만 지역에서는 여전히 호족 세력의 영향력이 컸습니다.

지방 백성들이 호족들에게 괴롭힘을 당하고 있으니 조정에서 임명한 관리를 지방으로 내려보내 다스리게 하자는 의견입니다. 다만 최승로가 보기에도 모든 고을에 다 수령을 보낼 수는 없을 듯했나 봅니다. 아직 조정의 관료 수도 부족하고 호족 세력의 반대가 컸기 때문입니다.

성종은 최승로의 건의에 따라 큰 고을[목] 12곳에 수령을 내려 보냈습니다. 12목은 양주·광주(경기도)·충주·청주·공주·진주·상주·전주·나주·승주(전라남도 순천)·해주·황주입니다. 12목에 수령을 보내면서, 비로소 고려 조정은 지방을 직접 다스릴 수 있게 되었습니다. 12목을 오늘날 행정 구역에 따라 구분해 보면 강원도, 함경도, 평안도가 빠져 있습니다. 아직은 중앙 정부의 힘이 온 나라에 두루 미치지는 못했다는 뜻입니다. 이 밖에 성종은 경주를 또 다른 도읍(동경)으로 두고 전국을 10개 도로 나누기도 했지만 그리 큰 의미를 갖지는 못했습니다.

군사 제도 정비

나라를 지키기 위해서 군대가 필요한 것은 예나 지금이나 마찬가지입니다. 하지만 옛날 군대와 오늘날의 군대는 다른 점이 있습니다. 요즘에는 군대와 경찰의 역할이 나뉘어 있지만 옛날에는 군대가 경찰 역할까지 맡았습니다. 즉 다른 나라와 전쟁을 치르고, 나라 안에서의 반란과 범죄를 막고, 왕을 보호하는 일까지 모두 군대의 역할이었습니다.

태조가 처음 고려를 세우고 후삼국을 통일하던 시기에는 정해진 군사 제도가 없었습니다. 필요할 때마다 왕실의 군대와 호족들이 거느린 군사를 모아서 전쟁을 치렀습니다. 그때는 군대를 말을 타고 싸우는 마군, 걸어 다니며 싸우는 보군, 바다와 강에서 싸우는 수군, 왕을 보호하는 내군 등 네 가지로 나누었을 뿐입니다.

나라가 안정되면서 고려는 점차 제대로 된 군사 제도를 갖추어 갔습니다. 고려의 군대는 크게는 개경을 지키는 중앙군과 지방을 지키는 지방군으로 나뉘었습니다. 중앙군은 2군(응양군·용호군)과 6위(좌우위·신호위·흥위위·금오위·천우위·감문위)로 이루어졌습니다. 6위는 성종 때, 2군은 현종 때 만들어진 것 같습니다. 2군과 6위에는 각각 최고 지휘관인 상장군과 부지휘관인 대장군이 있었습니다. 그중에서도 응양군의 상장군이 가장 높은 대우를 받았고, 그다음은 용호군의 상장군이 높았습니다. 나머지 6위의 상장군은 같은 대우를 받았습니다.

고려 초기 군사 제도

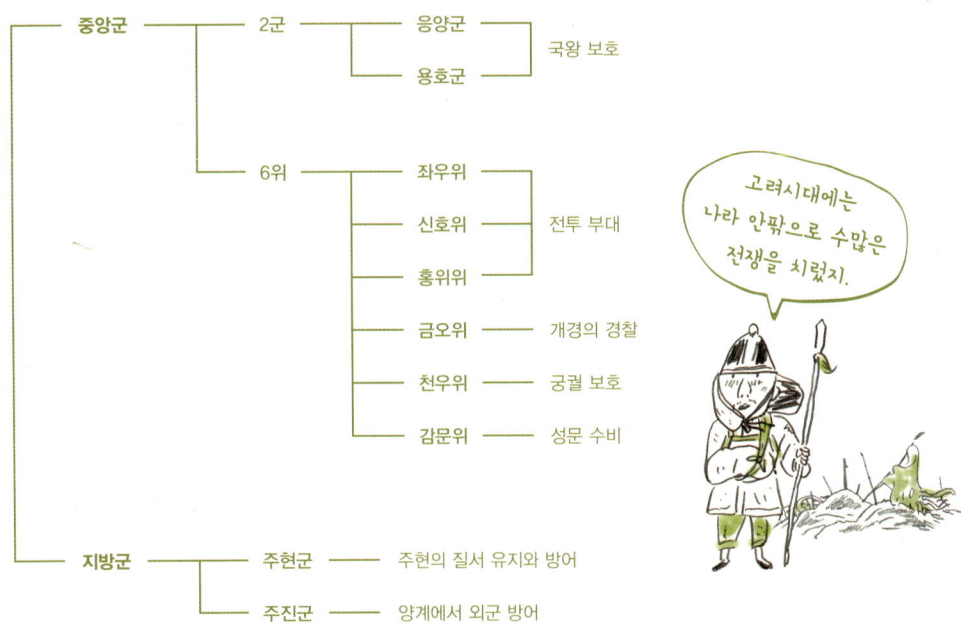

군대가 이렇게 여러 부대로 나뉜 까닭은 각각 하는 일이 달랐기 때문입니다. 2군은 왕을 보호하는 역할을 맡았습니다. 6위 가운데 천우위는 궁궐 곳곳을 지켰고, 감문위는 개경의 성문을 지켰으며, 금오위는 오늘날 경찰처럼 개경의 질서를 지키고 범죄자를 잡아들였습니다. 나머지 좌우위, 신호위, 흥위위는 어떤 역할을 맡았는지 확실하지 않습니다. 군사 수가 가장 많았던 것으로 보아 전쟁 때 실제 전투를 하며 개경을 지키던 부대였을 것입니다.

2군 6위에는 각각 1천 명에서 1만3천 명까지 소속되어 있었고, 이들을 모두 합치면 4만5천 명쯤 되었습니다. 각 부대의 군사들은 다시 몇 개 조로 나뉘어 있었습니다. 예를 들어 감문위에 소속된 군사 1천 명은 1백 명이나 2백 명 단위로 한 조를 이루어 번갈아 성문을 지켰을 것입니다.

상장군과 대장군은 함께 모여서 군사와 관련된 중요한 일을 결정했는데, 이 회의 기구가 바로 중방입니다. 중방은 훗날 무신의 난을 거치면서 고려의 최고 권력 기구가 됩니다.

지방군은 주현군과 주진군으로 나뉩니다. 주현군은 지방 고을의 군사 조직입니다. 작은 고을에는 1백 명 정도, 큰 고을에는 1천 명 정도로 이루어진 주현군을 두었습니다. 이들은 옛 호족인 향리가 거느리는 군대였을 것입니다.

주진군은 군사적으로 중요한 지역을 지키는 군대였습니다. 특히 양계(동계와 북계)에 집중해서 배치되었습니다. 동계는 오늘날 함경도와 강원도를 아우르는 동해안 지역이고, 북계는 오늘날 평안도 지역입니다. 동계에는 1만여 명, 북계에는 4만여 명의 군사가 배치되어 있었습니다. 조정에서는 양계에 병마사를 보내 다스리게 했습니다.

고려 사회의 신분 제도

근대 이전에는 세계 대부분의 나라가 신분제 사회였습니다. 신분제 사회란 사람이 태어나면서부터 어떤 지위를 가지고 무슨 일을 하게 될지 정해져 있는 사회를 말합니다. 신분 사회에서는 다른 신분으로 이동하기가 매우 어려웠습니다. 관료의 아들은 관료가 되고, 농사짓는 사람의 아들은 농사를 짓게 됩니다. 고려도 신분 사회였으며 크게는 귀족 – 양인(서인) – 천인 세 계층으로, 좀 더 세밀하게는 여덟 계층으로 나뉘어 있었습니다.

귀족 계층은 문반, 무반, 남반으로 이루어졌습니다. 문반은 나라의 정책과 제도를 만들고 운영하는 벼슬아치이고, 무반은 군대를 거느리고 지휘하는 벼슬아

고려의 신분 제도

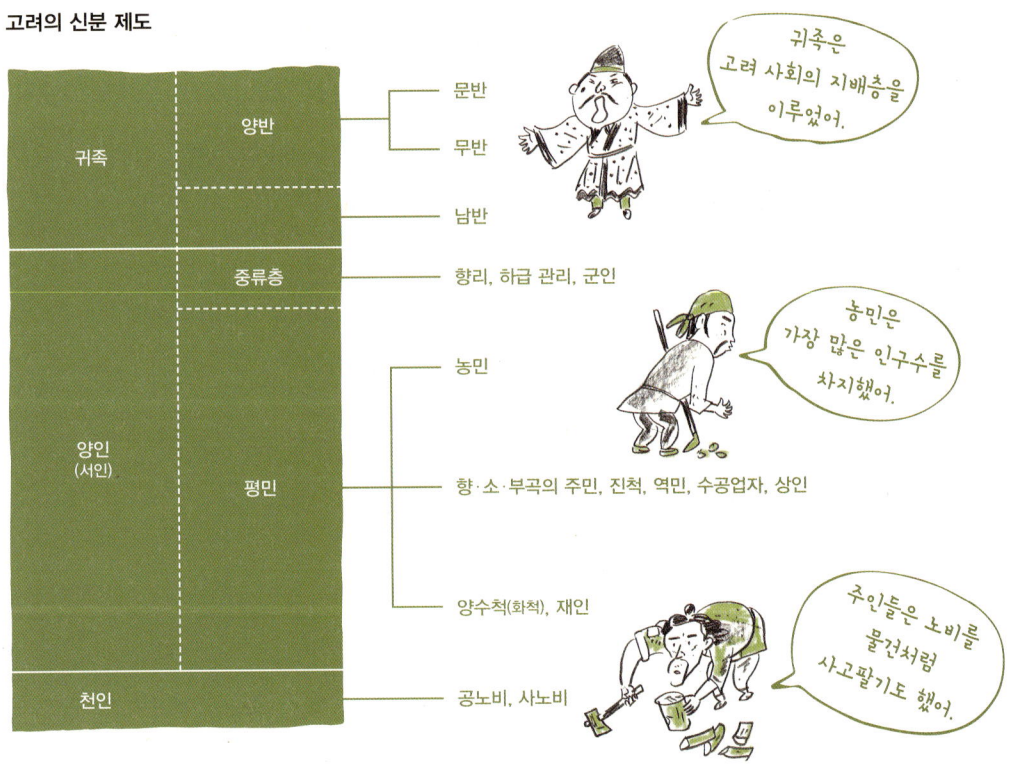

치입니다. 문반과 무반을 합쳐 양반이라고 합니다. 양반은 5품 이상의 관직을 거치면 문음제도(음서제도)를 이용해서 그 자손까지 관리가 되었습니다. 남반은 궁궐의 잡다한 일을 맡아 처리했습니다. 남반은 높은 벼슬에는 오를 수 없었기 때문에 귀족이 아니라 중류층으로 구분하기도 합니다.

고려 화령부 호적 고려시대에는 3년마다 한 번씩 호적 2부를 작성해서, 한 부는 관청에 내고, 한 부는 호주가 보관했습니다. 호적에는 이름, 나이, 주소, 조상, 가족 관계, 노비 수 등이 기록되었습니다. 화령부(함경남도 영흥) 호적은 고려 말에 이성계의 지시로 작성되었습니다.

양인의 중류층은 향리, 하급 관리, 군인으로 이루어졌지만 이들이 모두 똑같은 대우를 받은 것은 아닙니다. 이 가운데는 아무래도 향리가 가장 영향력이 컸습니다. 향리는 옛 호족의 후손으로, 귀족 관료가 되지 못하고 고향에 머무른 사람들입니다. 향리는 호족만큼 큰 권력을 갖지는 못했지만 여전히 자기 고을에서 우두머리 노릇을 했습니다. 평민에게 세금을 거두어 개경으로 올려 보내는 일도 향리의 몫이었습니다. 이들 중류층은 부모의 직업과 신분을 그대로 이어받았지만 드물게는 과거에 합격해서 높은 관직에 올라 귀족이 되기도 했습니다.

농민은 전체 백성의 대부분을 차지했습니다. 이 가운데는 자기 땅을 가진 농민도 있고, 자기 땅을 갖지 못한 농민도 있었습니다. 자기 땅을 가진 농민은 농사지어 거둔 곡식 가운데 일부를 세금으로 나라에 바쳐야 했습니다. 남의 땅을 빌려 농사짓는 농민은 땅 주인에게 거둔 곡식의 일부를 주어야 했고, 세금은 땅 주인이 내야 했습니다. 농민은 땅에서 나는 곡식뿐만 아니라 지역의 특산품(공물)도 바쳐야 했습니다. 또 나라에서 성을 쌓고 길을 닦고 건물을 지을 때 동원되어야 했고, 평상시에는 군사 훈련을 받고 전쟁 때는 군인으로 참여했습니다. 이런 점에서 고려를 떠받친 사람들은 사실상 농민이었습니다.

신분상 양인이지만 천인과 다름없는 대우를 받던 사람들도 있었습니다. 향·소·부곡의 주민, 진척, 역민, 수공업자, 상인 등이 바로 그들입니다. 향·소·부곡은 전쟁 포로나 범죄자의 후손이 모여 살던 곳으로 보입니다. 이 가운데 향과 부곡에 사는 주민들은 주로 농사를 지었고, 소에 사는 주민들은 나라에서 필요로 하는 도자기, 그릇, 소금 등을 만들었습니다. 진척은 강에서 배를 모는 사람들이고, 역민은 주요 도로의 길목에 자리한 역(여관)에서 말을 키우는 등 여러 일을 맡던 사람들이었습니다. 이들은 나라의 교통 업무를 맡고 있었는데 일이 아주 힘들었습니다.

양수척(화척)은 여진족이나 거란족의 후손이었습니다. 이들은 대부분 떠돌아다니며 사냥을 하고, 버드나무 줄기를 엮어서 고리 그릇을 만들고, 소와 돼지를 잡아서 고기를 팔며 생활했습니다. 이 가운데 재주를 잘 부리거나 노래를 잘하는 사람은 재인(재주꾼, 광대)이 되었습니다. 이들도 천인이나 다름없는 대우를 받았습니다.

천인은 노비 계층을 일컫습니다. 노비는 관청에 속해 있는 공노비, 개인이 거느리는 사노비로 나뉩니다. 노비는 주인에게 매여 있는 처지였으며, 물건처럼 팔리기도 했습니다.

고려의 노비는 부모의 신분을 물려받은 노비, 즉 세습 노비가 대부분이었습니다. 노비 신분은 그 자식에게까지 이어졌습니다. 노비의 자식은 또 노비가 되어 영영 노비 신분에서 벗어날 수 없었습니다. 이 밖에도 본래 양인이었지만 가난과 빚 때문에 귀족의 노비가 되는 경우도 있었습니다.

고려 불상

처음 불교가 생겼을 때는 석가모니의 유언에 따라 따로 불상을 만들지 않았습니다. 하지만 여러 세대가 지난 뒤에 사람들은 부처를 닮은 불상을 만들어 놓고 여기에 소원을 빌었습니다. 불상은 흙, 나무, 돌, 구리나 철 같은 금속 등 여러 재료로 만들어졌으며, 시대와 지역에 따라 독특한 특징을 지녔습니다.

고려 왕조는 후삼국을 통일한 뒤에 거대한 불상을 곳곳에 만들어 세웠습니다. 관촉사 석조미륵보살입상은 높이가 18미터나 되는 큰 불상입니다. 이 불상은 몸에 비해 머리와 손발이 유난히 크고, 눈·코·입도 부리부리합니다.

고려시대에는 철로 만든 불상도 유행했습니다. 이 가운데 하남시 절터에서 발견된 철조석가여래좌상은 석굴암의 본존불을 본떠서 만들었으며, 크기와 완성도가 돋보입니다. 부석사 소조여래좌상은 흙으로 빚어서 모양을 만들고(소조) 금칠을 한 불상입니다. 신라의 불상과 닮았지만 얼굴 모양과 몸집이 더 굳세고 당당합니다. 개운사 목조아미타불좌상은 원종 때, 봉림사 목조아미타불좌상은 공민왕 때 만들어진 불상입니다. 두 불상은 나무를 깎아서 모양을 만들고(목조) 금칠을 했는데, 볼도 두툼하고 수염도 났습니다.

이처럼 고려의 불상은 화려하거나 섬세하지 않지만 크고 웅장합니다. 호족들은 자기 힘을 과시하기 위해 불상에 자기 얼굴을 새겨 넣기도 했습니다.

관촉사 석조미륵보살입상

하남 철조석가여래좌상

부석사 소조여래좌상

쌍기와 귀화인

> 쌍기는 후주의 외교 사신으로 고려에 사신으로 왔어.

광종이 과거제도를 실시하는 데는 신하 쌍기의 공이 컸습니다. 그런데 쌍기는 원래 고려 사람이 아니었습니다. 쌍기는 중국 5대10국의 한 나라인 후주의 벼슬아치였는데, 고려에 외교 사신으로 왔다가 병이 나서 돌아가지 못하고 한동안 고려에 머물렀습니다. 그사이에 쌍기의 빼어난 학문과 능력을 눈여겨본 광종은 후주의 왕에게 허락을 받아서 쌍기를 고려에 눌러앉히고 신하로 삼았습니다.

쌍기는 광종의 기대에 걸맞게 고려에 과거제도를 실시하자고 제안했으며, 과거제도가 시행되자 합격자를 뽑는 관직을 맡았습니다. 과거제도는 유교를 공부한 능력 있는 유학자들이 관료가 되는 길을 열어 주었습니다. 그뿐 아니라 쌍기는 유교를 적극 소개하여 고려의 학문이 발전하는 데도 크게 이바지했습니다. 나중에는 쌍기의 아버지도 고려로 건너와서 벼슬아치가 되었습니다.

쌍기의 뒤를 이어 과거 시험을 관리한 왕융도 5대10국의 한 나라인 오월국에서 건너왔습니다. 왕융 또한 오랫동안 고려의 관리로 활동했으며, 후주에 사신으로 다녀오기도 했습니다. 왕융은 지곡사(경상남도 산청군)의 진관선사비와 연곡사(전라남도 구례군)의 현각선사탑비의 비문을 쓰기도 했습니다. 이름 높은 스님의 비문을 직접 쓸 만큼 왕융은 불교와 깊이 관계를 맺었으며 문장도 뛰어났습니다.

> 고려의 관료가 되어 주게.

> 나를 대우해 주는 고려가 좋아!

또 고려시대 마지막 무렵인 공민왕 때 여진족의 퉁두

란은 부하들을 이끌고 고려에 항복했습니다. 그 후 이성계와 의형제를 맺고 이름도 이지란으로 바꾸었습니다. 이지란은 왜구를 여러 차례 물리치며 크게 공을 세웠고, 조선을 건국하는 과정에서도 이성계와 함께 했습니다.

이 밖에도 추언규와 박암은 오월국에서, 주저와 장정은 북송에서, 이용상은 베트남에서, 장순룡은 위구르에서 건너와 고려 역사에 이름을 남겼습니다. 이처럼 한 나라에서 태어나 살다가 다른 나라로 옮겨 가서 사는 사람을 귀화인이라고 합니다.

고려시대에는 역사적으로 이름을 남긴 인물들뿐 아니라 이름 없는 일반 귀화인들도 많았습니다. 예를 들어 오늘날 중국 저장성(절강성) 부근에 있던 오월국은 도자기 빚는 기술이 빼어났습니다. 오월국은 978년에 멸망했는데, 이때를 전후로 오월국의 수많은 도자기 장인들이 고려로 넘어왔습니다. 이들 덕분에 고려의 도자기 기술은 커다란 발전을 이루었으며, 고려가 자랑하는 고려청자도 이 과정에서 탄생했습니다.

또 여진이나 거란, 몽골에서 귀화한 사람들도 많았습니다. 이들은 주로 한반도 북부에서 농사를 짓거나 군인으로 활약하면서 고려가 영토를 넓히고 유지하는 데 큰 도움을 주었습니다. 이처럼 고려 역사에서 귀화인들의 발자취는 다양하고도 또렷합니다.

고려 이전과 이후에도 한반도에는 귀화인들이 많이 있었습니다. 이런 사실은 우리나라 성씨에도 잘 드러납니다. 우리나라 성씨 가운데 외국에서 귀화한 성씨는 모두 136개나 됩니다. 신라 때 귀화한 성씨가 40여 개, 고려 때 귀화한 성씨가 60여 개, 조선 때 귀화한 성씨가 30여 개입니다. 신분이 낮아 따로 성씨를 갖지 못했던 사람들도 헤아릴 수 없이 많았을 것입니다. 이들은 모두 고려 사람이 되고 우리의 조상이 되었습니다.

이제 우리는 다 같은 고려인!

유물로 보는 역사

태조 왕건 동상

1992년 북한 개성에 있는 태조 왕건의 무덤(현릉)에서 높이가 1.35미터쯤 되는 동상 하나가 발견되었습니다. 북한의 역사학자들은 처음에 이 동상이 불상이라고 생각했습니다. 그런데 얼마 뒤에 한국의 한 역사학자가 여러 문헌을 조사해 이 유물이 태조 왕건의 모습을 빚은 동상이라는 것을 밝혀냈습니다.

태조 왕건 동상은 머리에 황제가 쓰는 모자인 통천관을 쓰고 있지만, 얼굴은 부처님 같은 모습이고 두 손을 가슴께에 가지런히 모으고 있습니다. 태조 왕건 동상에는 옷 모양이 새겨져 있지 않은데, 당시에는 왕의 신분을 나타내는 실제 옷을 만들어 입혔을 것으로 보입니다. 이처럼 태조 왕건 동상에서는 불교 신앙과 더불어 죽은 이를 살아 있을 때와 똑같이 받드는 민간 신앙을 엿볼 수 있습니다.

　태조 왕건 동상은 크기와 형태로 보아 무덤의 부장품으로는 어울리지 않아 보입니다. 그런데 왜 현릉에 묻혀 있었을까요?

　이 동상은 태조의 아들인 광종 때 만들어진 것으로 알려져 있습니다. 광종은 태조의 영혼을 기리기 위해 동상을 만들어서 봉은사라는 절에 모셔 놓았습니다. 이후 동상은 줄곧 봉은사에 보관되었으며, 몽골의 침입 때는 고려 왕실과 함께 강화도로 피난을 가기도 했습니다. 이처럼 태조 왕건 동상은 고려 왕실의 보물로 여겨졌습니다.

　고려가 망한 뒤, 조선 왕조는 경기도 경천군에 숭의전이라는 건물을 짓고 고려 왕들의 제사를 지내게 했습니다. 이때 고려 왕들의 초상과 함께 태조와 혜종의 동상도 숭의전에 보관되었습니다.

　하지만 조선 왕조로서는 태조와 혜종의 동상을 숭의전에 오래도록 모셔 둘 수는 없었습니다. 조선 왕조는 유교를 건국이념으로 삼았습니다. 따라서 불상뿐 아니라 사람이나 동물의 모양을 동상으로 만들어서 받들고 제사 지내는 것도 금지시켰습니다. 태조와 혜종의 동상도 예외는 아니었습니다. 그렇다고 해서 고려 왕들의 동상을 함부로 부숴 버릴 수도 없었습니다. 조선 왕조의 입장에서 태조와 혜종의 동상은 처치 곤란한 물건이었습니다.

　조선 세종은 고민 끝에 동상들을 각각 현릉과 순릉(혜종의 무덤) 근처에 묻게 했습니다. 이때 묻혔던 태조 왕건 동상이 최근에 발굴된 것입니다. 고려 개경은 고려시대와 조선시대, 그리고 근대에 이르기까지 수많은 전쟁을 겪었습니다. 그 탓에 개경은 옛 모습을 찾아볼 수 없을 만큼 부서졌으며 유적과 유물도 거의 남아 있지 않습니다. 태조 왕건 동상이 온전한 모습으로 세상에 나온 게 놀라울 정도입니다. 순릉 근처에 묻혔다는 혜종의 동상은 아직 발견되지 않았습니다.

　한편 고려 왕들의 어진은 숭의전에 그대로 보관되다가 1950년 한국전쟁 때 불에 타서 모두 사라졌습니다. 지금 숭의전에 있는 초상화는 그 뒤에 새로 그린 것입니다.

993년
1차 고려와 거란의 전쟁

1010년
2차 고려와 거란의 전쟁

1019년
귀주대첩

1135년
묘청의 난

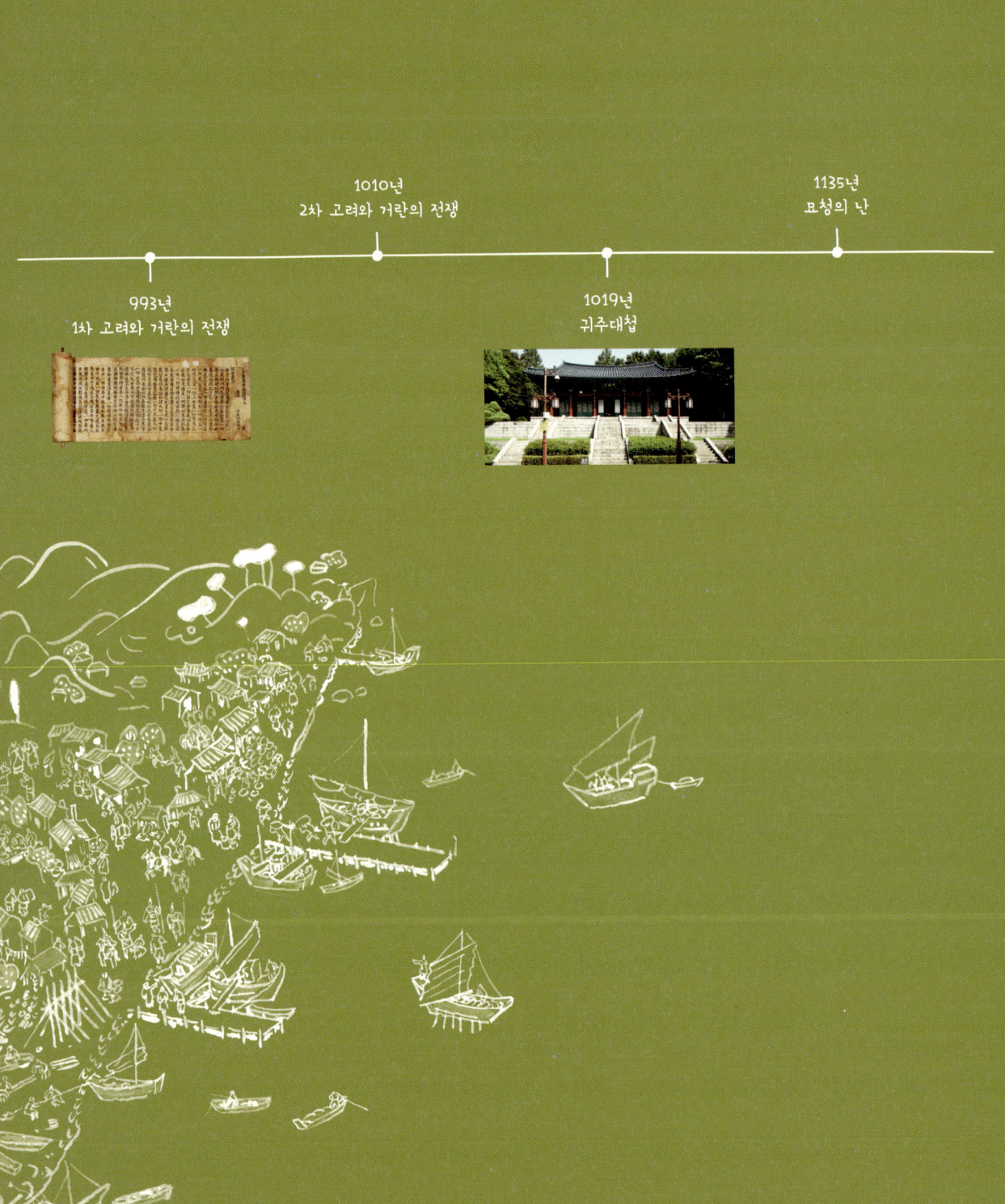

귀족 사회의 성립과 발전

성종은 어려서부터 유교를 열심히 공부했습니다. 왕이 된 뒤에는 고려의 제도를 유교적 틀에 맞추어 다듬었으며, 나라에 충성하고 부모에게 효도하라는 유교의 가르침을 널리 알렸습니다. '성종'이라는 묘호를 받은 것도 이 때문입니다. 대개 '성종'이라는 묘호는 나라의 기틀을 다진 왕에게 붙이는 이름입니다.

성종 때 나라가 안정되자 많은 호족들이 개경으로 와서 벼슬자리를 받으려 했습니다. 이들은 아들과 손자에 이르기까지 대대로 벼슬자리를 이어 받아 문벌귀족을 이루었습니다. 문벌 귀족은 고려의 중심 세력이 되어 나라를 다스렸습니다.

이때쯤부터 고려는 큰 어려움을 겪게 되었습니다. 나라 안에서는 왕위 다툼이 벌어졌고, 나라 밖에서는 거란이 공격해 왔습니다. 고려는 이 어려움을 어떻게 이겨 냈을까요?

고려와 거란의 1차 전쟁

왕건이 아직 궁예의 부하였던 때, 당나라 조정은 큰 어려움에 빠져 있었습니다. 안에서는 권력 다툼이 끊이지 않았고, 밖에서는 농민들이 곳곳에서 반란을 일으켰습니다. 결국 당나라는 '황소'라는 사람이 일으킨 반란(황소의 난)에 큰 타격을 입고 얼마 지나지 않아 멸망하고 말았습니다. 그러자 여기저기서 새로운 나라가 생겨나 당나라 영토를 차지하기 위해 치열하게 싸움을 벌였습니다. 황하 북쪽에서는 후량·후당·후진·후한·후주[5대]가 차례로 생겨났고, 황하 남쪽과 서쪽 주변에서는 10개 나라[10국]가 일어나 서로 다투고 있었습니다.

5대10국의 혼란을 틈타 몽골 부근에 살던 거란족이 힘을 키우기 시작했습니다. 거란족은 선비족의 한 갈래로 양과 말을 키우며 사는 유목민이었습니다. 당나라가 망하던 해에 거란족의 한 부족장이던 야율아보기는 여덟 부족을 통일하고 곧장 영토를 넓혀 가기 시작했습니다. 거란은 먼저 발해를 공격해서 멸망시키고, 뒤이어 만리장성을 넘어 5대10국의 하나인 후진까지 무릎 꿇렸습니다. 그리고 나라 이름을 '요'로 지었다가 다시 '거란'으로, 마지막에는 또다시 '요'로 바꾸었습니다. 거란과 5대10국은 물고 물리는 전쟁을 벌이느라 한반도에 관심을 기울일 겨를이 없었습니다. 그사이 왕건은 고려를 세우고 후삼국을 통일하는 데 힘을 쏟을 수 있었습니다.

고려를 건국한 뒤, 고려의 왕들은 거란이 공격해 오지 않을까 늘 걱정했습니다. 태조가 서경을 중심으로 북쪽의 여러 지역에 성을 세운 것도, 정종이 30만 군사로 '광군'이라는 군대를 조직한 것도 거란과의 싸움에 대비하려는 뜻에서였습니다. 우려는 곧 현실이 되고 말았습니다. 거란이 마침내 고려를 공격해 온 것입니다. 성종 때의 일이었습니다.

고려 건국 전후 동아시아 고려가 건국될 무렵 중국에서는 당나라가 무너지고 5대10국이 일어났습니다. 이때 유목민족인 거란이 몽골과 만주 지역에서 크게 세력을 키웠습니다. 950년 무렵 5대10국과 거란.

거란이 고려를 공격한 데에는 이유가 있었습니다. 당시 거란 남쪽에 있던 후주가 조광윤에게 망하고 송나라로 바뀌었습니다. 송나라는 양자강(양쯔강, 장강) 남쪽과 서쪽에 있던 나라들을 멸망시키고 힘을 키워 연운16주(오늘날의 베이징 주변 지역)를 놓고 거란과 다투기 시작했습니다.

송나라와의 다툼이 오래 계속되자 거란은 고려가 송나라 편을 들지 않을까 걱정했습니다. 거란은 송나라와 본격적으로 싸우기 전에 먼저 고려를 무너뜨리려 했습니다. 이를 위해 먼저 여진족(옛 말갈족)과 발해 사람들이 세운 정안국을 공격해서 멸망시키고, 이어서 고려를 공격해 왔습니다.

〈출렵도〉 매사냥을 하고 있는 거란인. 9~10세기 그림.

개경에서 굶어 죽은 낙타

고려시대 개경의 동쪽을 흐르는 사미천에는 크고 널찍한 돌다리가 하나 놓여 있었다고 합니다. 이 다리 이름은 '탁타(낙타)교'였습니다. 낙타라니, 아무리 생각해도 이상합니다. 낙타는 사막이나 초원에서 사는 동물입니다. 그러니 한반도에 낙타가 살았을 리 없고, 고려시대 사람들이 낙타를 실제로 보았을 리도 없습니다. 대체 이 다리에는 왜 낙타교라는 이름이 붙었을까요?

태조 왕건이 개경에 도읍을 정하고 삼국을 통일하던 때입니다. 개경에는 하루가 다르게 건물과 도로가 새로이 들어섰습니다. 이때 사미천에도 널찍한 돌다리가 하나 생겨났습니다. 만 명의 인부가 하루 만에 만들었다고 해서 '만부교'라고 이름 붙였습니다.

그즈음 거란도 동아시아 북부에서 세력을 넓혀 가고 있었습니다. 거란은 고려에 사신과 함께 낙타와 말을 보내왔습니다. 고려 사람들은 이때 처음 낙타를 구경했을 것입니다. 태조는 평화로운 관계를 맺자는 거란의 제안을 거절할 이유가 없었습니다. 하지만 거란이 발해와의 약속을 어기고 발해를 공격해서 멸망시키자 태조는 생각이 바뀌었습니다. 거란을 믿을 수 없는 나라라고 생각한 것입니다.

몇 해 뒤 거란은 다시 사신 30명과 함께 낙타 50마리를 보내 왔습니다. 왕건은 사신을 섬으로 유배 보내고, 낙타를 만부교 밑에 묶어 둔 채 굶어 죽게 했습니다. 그 뒤로 사람들은 만부교를 낙타교(탁타교)로 고쳐 불렀다고 합니다. 낙타교 사건으로 고려와 거란의 관계는 완전히 갈라졌습니다.

강동6주 서희는 소손녕과 담판을 벌여 거란군을 물러나게 한 다음, 여진족을 몰아내고 강동6주를 고려 영토로 삼았습니다.

993년, 고려와 거란의 1차 전쟁이 시작되었습니다. 처음에는 소손녕이 이끄는 거란군이 기세를 올렸습니다. 하지만 곧바로 고려군이 반격해서 되갚아 주었습니다.

이때 발해에서 고려로 귀화한 장군 대도수가 크게 활약했습니다. 고려군의 거센 저항에 부딪힌 거란군은 더 이상 싸우려 들지 않았습니다. 그저 고려에 항복하라고 윽박지르기만 했습니다. 그러자 고려의 서희는 거란이 화해하고 싶어 한다는 사실을 눈치 채고 직접 소손녕을 찾아갔습니다.

서희와 소손녕은 만나자마자 기 싸움을 벌였습니다. 소손녕은 서희에게 거란은 황제의 나라이니 예의를 갖추어 절을 하라고 주장했고, 서희는 나라를 대표하는 사신끼리 만날 때는 서로 맞절을 하는 것이라고 주장했습니다. 한참을 다투다가 결국 같이 고개를 숙이기로 하고 대화를 시작했습니다. 소손녕이 먼저 말했습니다.

"너희는 본래 우리 영토인 고구려 땅을 빼앗고 바다 건너 송나라와 사귀었다. 이 때문에 우리가 군사를 일으켰다. 옛 고구려 땅을 다 내놓고 거란을 섬긴다면 물러가겠다."

그 말을 들은 서희가 대답했습니다.

"우리나라 이름이 고려인 까닭은 바로 우리가 고구려의 옛 땅에 나라를 세웠기 때문이다. 땅으로 말하자면 거란 영토도 모조리 우리 땅이어야 한다. 또 압록강 주변에 여진족이 살고 있어 거란과 교류하기가 바다 건너는 것보다 어렵다. 만약 여진족을 쫓아내고 고려의 옛 영토를 되찾으면 고려 왕이 거란에 찾아가 인사를 드릴 것이다."

소손녕은 전쟁을 계속할 자신이 없었기 때문에 서희와 화해하고 군대를 물렸습니다. 그러면서 여진족이 살고 있던 압록강 동쪽 땅을 고려가 차지하는 데 동의했습니다. 고려군은 곧장 압록강 주변의 여진족을 몰아내고 흥화진·용주·철주·통주·곽주·귀주(강동6주)를 영토로 삼았습니다. 거란의 침입에 맞서 오히려 영토를 넓힌 것입니다.

고려 성종은 거란에 신하의 예의를 갖추겠다고 한 약속도 지킬 생각이 없었습니다. 오히려 송나라에 사신을 보내 함께 요나라를 공격하자고 했습니다. 하지만 송나라는 고려를 믿을 수도 없고 거란을 공격할 형편도 아니었기 때문에 거절했습니다. 사정이 이렇다 보니 고려와 거란 사이의 평화는 오래 이어질 수 없었습니다.

귀족 사회의 성립

성종은 거란과의 1차 전쟁 이후 세상을 떠났습니다. 성종에게는 뒤를 이을 아들이 없었습니다. 그래서 경종이 죽을 때 한 살밖에 되지 않았던 그의 아들이 열여덟 살의 나이로 왕위에 올랐습니다. 바로 목종입니다.

목종은 먼저 전시과제도를 손봤습니다. 경종 때 만들어진 시정전시과는 호족에게 큰 혜택을 준 제도였습니다. 하지만 성종 때 관료 제도가 자리 잡으면서 호족들은 대부분 관료가 되었고 전시과도 그에 맞게 고쳐야 했습니다. 목종은 오직 벼슬의 높낮이에 따라 전[밭]과 시[땔감]에서 나오는 세금을 관리들에게 나누어 주었습니다. 높은 벼슬을 가진 사람은 더 많이 받고 낮은 벼슬을 가진 사람은 덜 받았습니다. 이렇게 고친 전시과를 '개정전시과'라고 합니다.

목종이 개정전시과를 실시하면서 호족 세력은 더더욱 자취를 감췄습니다. 관리가 되지 못한 호족은 지방에 남아 향리가 되었습니다. 향리는 여전히 지방에서 영향력을 이어 갔지만 조정에서 내려보낸 수령보다 권한이 크지는 않았습니다. 그 대신 왕과 중앙 정부에 권력이 집중되었습니다. 이제야 비로소 관료 제도가 자리를 잡은 것입니다.

호족 세력은 고려 초기에 조정 관료가 되어 문벌귀족을 이뤘지.

문벌귀족이 되지 못한 호족은 향리로 남았어.

중앙 정부의 관료로 변신한 호족들은 문음(음서)제도와 결혼 등을 통해 자손 대대로 관직에 오르고 고려 사회의 귀족 계층으로 자리 잡았습니다. 한 집안 사람들이 조정에서 큰 세력을 이루기도 했습니다. 이처럼 호족에서 관료 귀족으로 탈바꿈한 세력을 '문벌귀족'이라고 합니다. 문벌귀족은 한동안 고려의 정

고려 석탑

탑은 불교를 대표하는 건축물 가운데 하나입니다. 고려시대 초기의 탑은 지역에 따라 삼국시대 석탑의 흔적이 또렷하게 나타납니다. 예를 들어 전라북도 익산시 왕궁면 왕궁리 5층석탑은 백제 석탑과 비슷한 모양입니다. 또 개성시 덕암동에 세워진 남계원 7층석탑은 신라 석탑 양식이 도드라집니다.

11세기 이후 고려 석탑은 차츰 자기만의 특색을 갖추게 되었습니다. 먼저 석탑의 층을 나누는 옥개석이 크게 바뀌었습니다. 이전에는 대부분 사각형이었지만, 팔각형, 육각형, 원형 옥개석이 등장하기 시작했습니다. 팔각형 옥개석으로는 강원도 오대산 월정사의 8각9층석탑, 육각형 옥개석으로는 전라북도 김제시 금산사의 6각다층석탑, 원형 옥개석으로는 전라남도 화순군 운주사의 원형다층석탑이 유명합니다.

고려시대에는 형식을 깨고 자유롭게 쌓아 올린 석탑이 자주 등장합니다. 개성시 경천사 10층석탑도 마찬가지입니다. 탑은 대개 3층, 5층, 7층…… 이렇게 홀수로 세워졌는데, 이 석탑은 짝수 층(10층)으로 만들어졌습니다. 이 밖에도 고려시대에는 다양한 모양의 석탑이 많이 만들어졌습니다. 조정에서뿐만 아니라 지방의 여러 호족들이 나라 곳곳에 석탑을 세웠기 때문입니다.

왕궁리 5층석탑

월정사 8각9층석탑

운주사 원형다층석탑

치와 문화를 주도해 갔습니다.

귀족 관료들은 점차 더 많은 권력과 재물을 욕심냈습니다. 그러다 보니 자기들끼리의 권력 다툼이 끊이지 않았습니다. 심지어 왕까지 제 입맛에 맞게 바꾸려 했습니다. 목종은 그 희생양이 되었습니다.

목종의 어머니 천추태후는 남편 경종이 죽은 뒤 귀족 관료 김치양과 어울려 지내며 아들을 낳았습니다. 천추태후와 김치양은 이 아들을 왕위에 올리기 위해 목종을 죽이려고 했습니다. 이를 눈치챈 목종은 무관 관료인 강조에게 김치양과 천추태후를 없애라고 명령했습니다. 강조는 목종의 명령에 따라 군사를 일으켜 김치양 일당을 죽였습니다. 하지만 강조 또한 권력에 대한 욕심으로 가득 찬 사람이었습니다. 강조는 내친걸음으로 목종까지 죽이고 현종을 왕 자리에 앉혔습니다. 현종은 태조의 여러 손자 중 한 명으로, 이때 나이 열여덟 살이었습니다. 강조는 어린 현종 뒤에서 마음껏 권력을 누렸습니다.

이때부터 고려 왕실의 권위는 땅에 떨어지고 귀족 관료의 힘은 하늘을 찔렀습니다. 고려 정치가 더없이 혼란에 빠질 무렵 더 큰 위기가 밖으로부터 닥쳐왔습니다. 거란이 다시 고려를 노리고 공격해 온 것입니다.

〈아집도〉 고려시대 문인 관료들이 꿈꾸던 생활 모습을 담은 그림. 아름다운 건축과 자연을 배경으로 문인 관료들이 시를 짓고, 책을 읽고, 그림을 감상하고 있습니다. 고려 후기 그림.

거란과의 연이은 전쟁과 귀주대첩

고려가 귀족 관료 사회로 바뀌어 가던 시기에 거란은 송나라와 전쟁을 벌여 크게 승리했습니다. 기세가 오른 거란은 1010년에 강조가 목종을 죽인 사건을 핑계 삼아 고려를 공격해 왔습니다. 이번에는 거란 황제 성종이 40만 군대를 직접 이끌고 왔습니다. 거란군은 먼저 강동6주를 공격했습니다. 이에 고려군은 성문을 단단히 걸어 잠그고 맞서 싸웠습니다. 그러자 거란은 군대를 둘로 나누어 하나는 강동6주에 남겨 두고, 다른 하나는 개경을 향해 진격했습니다.

고려에서는 강조가 직접 군대를 이끌고 나섰습니다. 처음 몇 차례 싸움에서 승리한 강조는 방심하다가 기습 공격을 받아 크게 지고 말았습니다. 강조를 비롯하여 많은 장수와 군사들이 사로잡히거나 죽었습니다. 거란 성종은 잡혀 온 강조에게 "항복하여 신하가 되면 살려 주겠다"고 했습니다. 하지만 강조는 "나는 고려 사람이다. 어떻게 너의 신하가 될 수 있겠느냐"며 되레 호통을 쳤습니다. 강조는 그렇게 항복하기를 거부하고 죽음을 선택했습니다. 권력 욕심 때문에 목종을 죽이기까지 했지만 고려 사람이라는 자존심만은 지켰던 것입니다.

강조의 군대를 물리친 거란군은 다시 개경을 향해 움직였습니다. 개경으로 가는 길에 서경을 공격했지만, 고려군은 목숨을 걸고 지켜 냈습니다. 하는 수 없이 거란군은 다시 남쪽으로 내려왔습니다. 거란군이 개경으로 빠르게 다가오자 현종은 전라도 나주로 피난을 갔습니다. 그리고 거란 성종에게 강조가 이미 죽었으니 그만 화해하자고 제안했습니다. 거란 성종은 현종이 자기 앞에 와서 신하의 예의를 갖추면 화해하겠다고 했습니다. 고려가 이 조건을 받아들이자 거란군은 공격을 멈추었습니다.

거란 성종은 고려가 약속을 지킬 리 없다는 것을 알고 있었지만 이 약속을 핑

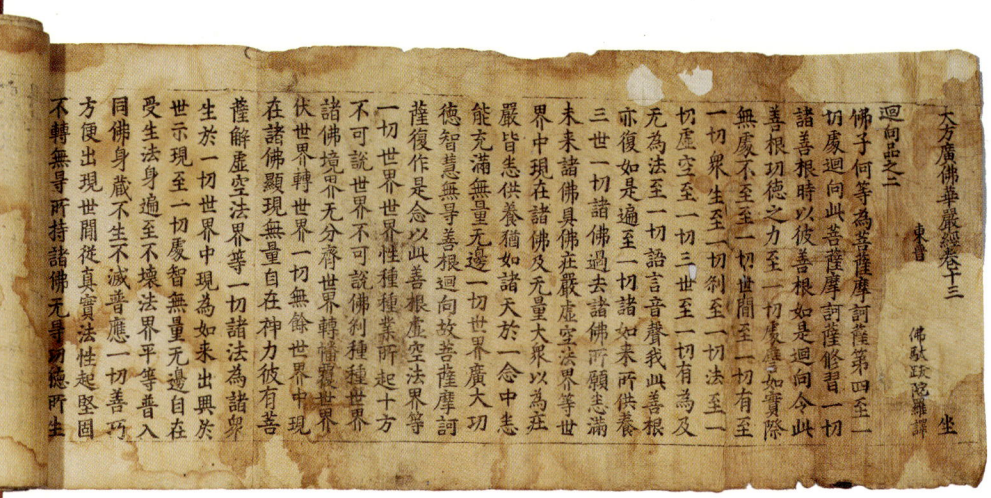

초조대장경 《대방광불화엄경》 거란과의 전쟁 시기에 고려는 불교 경전 6천여 권을 목판에 새겼습니다. 고려가 처음 새겨 만든 이 대장경을 '초조대장경'이라고 합니다. 초조대장경 목판은 몽골의 침입 때 모두 불타 사라졌으며, 현재는 일부 인쇄본만 남아 있습니다.

계로 불리한 전쟁을 끝내고 싶었습니다. 사실 거란이 강동6주와 서경을 뒤에 두고 남쪽으로 내려온 작전은 매우 위험했습니다. 식량을 실어 나르는 길도 막혔고, 뒤에 남은 고려군에게 공격을 당해 꼼짝 없이 갇힐 수도 있었습니다. 그 사실을 알고 있던 거란 성종은 하루 빨리 전쟁을 마무리 지으려고 했던 것입니다.

아니나 다를까, 서경과 강동6주에 머물러 있던 고려군은 되돌아 나가는 거란군을 매섭게 공격했습니다. 고려군은 거란군에 큰 타격을 입혔고 포로로 끌려가던 고려 사람들도 대부분 구해 냈습니다. 큰 피해를 입은 거란은 일단 돌아갔지만 다시 고려를 공격할 기회를 노렸습니다.

고려도 거란과의 전쟁을 철저히 준비했습니다. 성벽을 다시 쌓고 군대도 정비했습니다. 1018년 겨울, 마침내 거란군이 다시 움직이기 시작했습니다. 그 소식을 들은 고려 조정은 강감찬과 강민첨에게 거란군을 막게 했습니다. 거란군은 이번에도 최대한 빨리 개경을 공격해서 무너뜨릴 계획이었습니다. 소배압이 지휘

고려와 거란의 전쟁 거란은 송나라와 본격적으로 전쟁을 치르기 전에 고려가 송나라와 연합하지 못하게 먼저 고려를 무너뜨리려 했습니다.

고려 동전의 쓰임새

성종 때 처음 건원중보를 만든 뒤로 고려 조정은 해동통보·동국통보·동국중보·삼한통보·삼한중보 등 여러 동전을 만들었습니다. 고려 조정에서는 왜 이렇게 많은 동전을 만들었을까요?

건원중보

본래 구리로 100원짜리 동전을 만든다면 구리가 100원어치 들어가야 합니다. 그런데 조정에서는 90원어치 구리로 100원짜리 동전을 만들었습니다. 이 동전을 백성에게 팔면 10원어치 이익이 남습니다. 고려 조정은 동전을 만들어서 남은 이익을 거란과 전쟁을 치르는 데 썼습니다.

물론 동전을 만든 이유가 이것 때문만은 아니었습니다. 숙종 때 이르러 고려의 경제는 안정되어 갔습니다. 상업이 발달하고 시장이 커지면서 여러 가지 물건을 사고파는 일도 많아졌습니다. 그러자 사람들은 무거운 물건을 힘들게 가져와서 물물교환하는 대신 동전을 사용하곤 했습니다.

그렇다고 고려시대에 동전이 아주 널리 쓰인 것은 아닙니다. 무엇보다 백성들이 동전을 싫어했기 때문입니다. 백성들이 보기에 동전은 먹지도 못하고 달리 쓸 데도 없는 물건이었습니다. 게다가 100원짜리 동전 하나를 살 때마다 10원어치씩 손해를 보았습니다. 그러다 보니 동전을 들고 쌀을 사러 갔는데 정작 쌀을 파는 사람은 동전을 받아주지 않기가 일쑤였습니다.

이 때문에 동전은 널리 사용되지 못하고 곧 없어지고 말았습니다. 동전 같은 화폐가 널리 사용되려면 먼저 백성들의 생활이 넉넉해지고 물건을 사고파는 일도 자주 있어야 합니다. 하지만 이때는 아직 그런 형편이 되지 못했습니다. 그래도 동전 만드는 기술만큼은 계속 이어져 고려에서 세계 최초로 금속 활자가 만들어지는 데 큰 역할을 하였습니다.

하는 거란의 10만 기마병은 빠르게 말을 달려 순식간에 압록강을 건너 강동6주에 이르렀습니다.

거란군은 강동6주에서 시간을 낭비하지 않으려고 강동6주를 피해 곧장 개경으로 갈 계획이었습니다. 그러자면 흥화진(평안북도 의주) 길목에 있는 제법 넓고 깊은 강을 건너야 했습니다.

거란군의 계획을 눈치 챈 강감찬은 소가죽을 여러 겹 엮어서 강 상류를 둑처럼 막고 강 주변 산 속에 군사를 숨겨 두었습니다. 이 사실을 모르는 거란군은 얕은 개울처럼 바닥을 드러낸 강을 건넜습니다. 거란군이 개울을 반쯤 건넜을 때 고려군은 소가죽을 터트렸습니다. 그러자 강물이 한꺼번에 쏟아져 거란군을 휩쓸었습니다. 거란군은 한겨울 차가운 물에 젖어 벌벌 떨며 가까스로 강을 건넜습니다. 그때 산 속에 숨어 있던 고려군이 뛰쳐나와 우왕좌왕 흐트러진 거란군을 크게 물리쳤습니다.

첫 전투에서 패했지만 소배압 군대는 포기하지 않고 개경을 향해 말을 달렸습니다. 하지만 뒤를 쫓아 온 강민첨의 군대에게 또다시 크게 패했습니다. 소배압은 남은 군사를 끌어모아 겨우 개경 부근에 도착했습니다. 하지만 개경은 이미 튼튼하게 성벽을 쌓고 전쟁 준비를 마친 상태였습니다. 게다가 뒤에서는 여전히 고려 군대가 쫓아 내려오고 있었습니다. 위기를 느낀 소배압은 후퇴하기 시작했습니다.

고려군은 후퇴하는 거란군을 기습하며 끊임없이 괴롭혔습니다. 거란군이 큰 상처를 입고 귀주(평안북도 귀성)에 도착했을 때 강감찬의 군대가 거란군의 앞을 막아서며 공격을 퍼부었습니다. 때마침 개경에서 뒤쫓아 온 고려군도 거란군의 뒤편을 무너뜨렸습니다. 고려군은 이미 기세가 꺾인 거란군을 앞뒤에서 공격하여 큰 승리를 거두었습니다. 그 결과 거란군은 수천 명만 겨우 살아남아 자기네

귀주대첩
고려와 거란의 3차 전쟁 때 강감찬이 이끄는 고려군은 귀주에서 거란군을 크게 물리쳤습니다.

땅으로 돌아갈 수 있었습니다. 이 전투를 '귀주대첩'이라고 합니다. 귀주대첩을 끝으로 고려와 거란의 오랜 전쟁은 막을 내렸습니다. 한때 동아시아 대륙을 휩쓸던 거란은 크게 상처를 입었고, 다시는 고려를 넘보지 못했습니다.

제도 변화와 귀족 사회의 안정

거란과의 전쟁은 고려 사회 전체에 큰 피해를 입혔습니다. 많은 병사들이 목숨을 잃었고 백성들도 큰 고통을 겪었습니다. 고려 정부는 전쟁의 상처를 씻어 내기 위해 제도를 고치고 경제를 다시 일으켰으며 백성들도 힘을 모았습니다.

현종은 군사적으로 중요한 네 지역에 도호부를 설치하고, 성종 때의 12목을 8목으로 정비했습니다. 4도호부와 8목에는 관리를 보내 다스리게 했습니다. 목보다 작은 몇몇 군과 현에도 수령을 보냈습니다. 전국 580개의 군과 현 가운데 수령을 보낸 곳은 100곳도 채 되지 않았지만 한 고을의 수령이 주변 고을까지 다스리게 하면서 지방 제도를 안정시켰습니다.

좀 더 시간이 흘러 예종 때는 양계(동계와 북계)를 제외한 나머지 지역을 5도, 즉 양광도(충청남·북도와 경기도 일부), 경상도, 전라도, 교주도(강원도 일부), 서해

현종의 지방 제도 정비

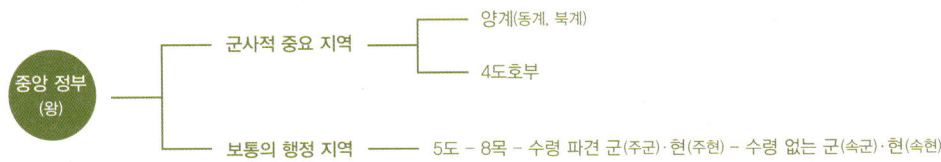

도(황해도 일부)로 나누었습니다[5도 양계]. 5도에는 안찰사를 보내 군과 현의 수령을 다스리게 했습니다. 이때 와서야 '중앙 정부(왕) → 도(안찰사) → 수령이 있는 군·현 → 수령이 없는 군·현'으로 이어지는 지방 제도가 완성되었습니다. 경기는 개경의 개성부에서 직접 다스리는 곳으로 도가 아니었습니다.

전쟁의 상처를 잘 이겨 낸 현종이 죽은 뒤 그의 세 아들이 잇따라 왕 자리에 올랐습니다. 큰아들 덕종은 3년, 둘째 아들 정종은 11년 동안 왕위를 지켰습니다. 그 뒤를 이은 셋째 아들 문종은 37년 동안 고려를 다스렸습니다.

문종은 신하 최충을 시켜 법률을 정비하게 했습니다. 사형에 해당하는 죄를 저지른 사람은 세 차례에 걸쳐 죄를 따져 보게 하는 삼심제도 이때 처음 시행되었습니다. 억울한 죽음이 없게 하려는 뜻이었습니다. 또 지방에 관리를 보내 수령들의 잘못이 없는지 살펴보게 했습니다.

문종은 전시과제도도 다시 손봤습니다. 벼슬이 높은 관료에게 땅을 더 많이 나눠 주고, 자손 대대로 물려줄 수 있게 한 것입니다. 이 제도를 '공음전시'라고 합니다. 공음전시 때문에 개성부의 땅 대부분은 관료들 차지가 되었습니다. 나중에 관료들에게 줄 땅이 부족한 지경이 되자 문종은 다시 전시과제도를 고쳤습니다. 일반 관리에게 주는 땅을 줄이고, 또 벼슬자리를 마치면 그 땅을 거둬들이게 한 것입니다. 다만 무관에게는 이전보다 좀 더 넓은 땅을 주었습니다. 아무래도 거

전시과제도 변화 과정

대각국사 의천 의천은 천태종을 다듬고 정리하여 널리 알렸습니다.

란과의 전쟁을 치르고 난 뒤에서 무관에게 더 나은 대우를 해 줄 수밖에 없었습니다. 이처럼 다시 고친 전시과를 '갱정전시과' 또는 '경정전시과'라고 합니다. 전시과는 갱정전시과의 형태로 고려 말까지 이어졌습니다.

문종은 불교에도 큰 지원을 아끼지 않았습니다. 문종은 개경 남쪽에 흥왕사라는 사찰을 새로 짓게 했는데, 이 사찰에는 1천 명이 넘는 승려가 살았고, 방도 2천8백 개나 되었다고 합니다. 어마어마하게 크고 화려했던 흥왕사는 훗날 몽골과의 전쟁 때 다 무너지고 빈터만 남았습니다. 또 문종은 세 아들을 승려로 출가시켰는데, 특히 넷째 아들은 그 시대에 가장 이름난 승려가 되었습니다. 바로 대각국사 의천입니다.

대각국사 의천은 열한 살 때 승려가 되었고, 서른한 살 때 송나라로 건너가 불교를 더욱 깊이 공부했습니다. 이듬해 고려로 돌아온 의천은 동아시아 여러 나라의 불교 경전 4,759권을 모아 한데 묶어 펴냈습니다. 또 마흔두 살에 흥왕사의 주지가 되어 불교의 한 갈래인 천태종을 가다듬고 널리 알렸습니다. 천태종은 불교 원리를 담은 경전을 제대로 읽고 깊이 공부해야 깨달음을 얻을 수 있다고 가르쳤습니다.

문종은 유교에도 깊은 관심을 기울여 뛰어난 유학자 최충을 곁에 두고 유교의 가르침에 따라 관료 제도와 법률을 정비하게 했습니다. 최충은 벼슬자리에서 물러난 뒤에 구재학당이라는 개인 학교를 세워 제자들을 가르쳤습니다. 당시 개경

이방인의 눈에 비친 고려 사회

　1123년, 송나라(북송)에서 출발한 사신들이 바닷길로 고려 개경에 이르렀습니다. 서긍도 사신 가운데 한 사람이었습니다. 이들은 한 달 넘게 고려에 머무르다 돌아갔습니다. 서긍은 고려에서 겪은 일을 글과 그림으로 기록한 40권짜리 책을 만들어 송나라 황제에게 바쳤습니다. 이 책이 바로 《선화봉사고려도경》(줄여서 《고려도경》)입니다.

　그로부터 몇 해 뒤 북송은 금나라에 멸망당했으며, 이때 《고려도경》도 함께 사라졌습니다. 다행히 서긍의 조카에게 그림 없이 글만 있는 《고려도경》이 남아 있어 지금까지 전해 내려옵니다. 《고려도경》은 외국인이 고려에 대하여 쓴 가장 오래된 책이라고 할 수 있습니다. 이전에도 몇몇 책들이 있었지만 대부분 없어지거나 일부분만 남아 있을 뿐입니다. 서긍의 눈에 비친 고려의 모습은 어땠을까요?

　서긍은 먼저 고려의 역사를 기록하고, 고려에서 만난 사람들을 소개합니다. 여기에 이자겸, 척준경, 김부식 같은 인물도 등장합니다. 또 개경의 궁궐과 관청, 흥국사 같은 큰 절을 묘사합니다. 팔관회가 얼마나 화려하게 열리는지도 써 놓았습니다. 서긍은 고려의 풍속과 사람들의 생활 모습에도 관심을 보였습니다. 고려 사람들이 깨끗한 것을 좋아해 자주 씻었다는 내용도 나옵니다. 이 밖에도 서긍은 고려의 약재, 나물, 광물, 과일과 옷감, 그릇, 나전칠기도 소개해 놓았습니다.

　《고려도경》은 이처럼 당시 고려 사회를 두루 보여 줍니다. 다만 서긍은 고려에 겨우 한 달 남짓 머무른 데다 고려를 송나라의 신하 나라로 여긴 탓에 사실과 다르거나 자기 기준에 맞춰서 기록한 대목도 적지 않습니다. 예를 들어 고려 정종은 혜종의 동생인데 혜종의 아들이라고 기록해 놓기도 했습니다. 이런 점 때문에 역사학자들은 《고려도경》을 참고하고 인용할 때 매우 조심하는 편입니다.

에는 국자감이, 몇몇 지방에는 향학(향교)이 세워져 있었습니다. 하지만 나라에서 운영하는 학교는 학교로서 기능을 제대로 하지 못했습니다. 그러다 보니 구재학당에는 유교를 공부하려는 학생들로 넘쳐났습니다. 그러자 다른 이름난 유학자들도 여러 학교를 세웠습니다. 이렇게 생긴 학교가 구재학당을 포함하여 12개나 되었습니다. 이 열두 학교와 그 학생들을 '사학12도'라고 합니다.

문종 때는 전쟁도 없고 나라가 평화로웠습니다. 때문에 국제 무역이 활발하게 이루어졌고 상업도 발달했습니다. 개경과 가까운 데다 서해 바다와 예성강이 만나는 벽란도는 해상 무역의 중심지가 되었습니다.

고려는 특히 송나라와 가깝게 지내며 문물을 나누었습니다. 고려는 송나라에 유학생을 보내 불교와 유교를 배워 오게 했습니다. 또 금·은·인삼·종이·먹·나전칠기·도자기·화문석(꽃돗자리)·칼·붓·부채 등을 송나라에 팔고 그 대가로 비단·차·약재·향료·책 등을 들여왔습니다.

당시 동아시아에서는 작은 나라가 큰 나라를 섬기고(사대), 큰 나라는 작은 나라를 보살피는(자소) 외교 관계를 맺는 것이 보통이었습니다. 무역도 작은 나라가 큰 나라에 물건을 바치면(진상), 큰 나라가 작은 나라에 선물을 내리는(하사) 형식으로 이루어졌습니다. 이처럼 동아시아의 국제 관계에서 비롯된 무역 방식

문종의 개혁 정치

전시과 개정	공음전시 → 갱정전시과
경제 발전	송나라 등과 국제 무역
법률 개정	사형 제도 등 정비
유교 장려	유교식 관료 제도 정비, 구재학당(최충)
불교 장려	흥왕사 건립, 대각국사 의천

고려의 전성기를 이루었지.

을 '조공무역'이라고 합니다. 두 나라 사이의 조공무역은 보통 100~300여 명이 한꺼번에 움직일 정도로 오고 간 물품의 규모가 컸습니다. 또 조공무역에서는 일반적으로 큰 나라의 하사품이 작은 나라의 진상품보다 훨씬 많았습니다. 송나라의 한 관리가 고려와의 무역 때문에 자기 나라 경제가 휘청거린다고 비판할 정도였습니다.

이 밖에도 일본, 중앙아시아, 동남아시아를 비롯해 멀리 아라비아 상인들까지 벽란도를 찾아와 무역을 했습니다. 아라비아 상인들은 그다지 자주 온 것은 아니지만, 한번 올 때마다 100여 명의 상인들이 큰 배를 타고 왔습니다. 그들은 고려를 '코레(코리아)'라고 불렀습니다. 이들을 통해 고려라는 나라가 세계에 널리 알려졌습니다.

문벌귀족과 왕위 다툼

문종 때는 고려 역사에서 가장 평화롭고 안정된 시기였습니다. 36년간 정치를 돌보던 문종이 죽은 뒤 순종, 선종, 헌종, 숙종, 예종이 연이어 왕위에 올랐습니다. 이들은 하나같이 빨리 죽거나, 왕으로서 이렇다 할 업적을 남기지 못했습니다. 예종의 뒤를 이어 인종이 왕 자리에 오를 즈음에 고려 조정은 이미 문벌귀족의 손아귀에 휘둘리고 있었습니다. 문벌귀족은 더 많은 권력을 누리기 위해 서로 싸움을 벌였습니다.

이자겸도 그중 한 사람이었습니다. 이자겸은 자기 딸을 예종과 결혼시켰습니다. 이 딸(문경왕후)과 예종 사이에 낳은 아들이 인종입니다. 인종이 열네 살 나이로 왕위에 오르자 이자겸은 어린 왕을 보호한다는 핑계로 권력을 움켜쥐었습니

국제 무역과 벽란도
고려는 송나라를 비롯한 주변 나라와 활발하게 국제 무역을 했습니다.
개경과 가까운 예성강 하류의 벽란도는 무역 항구로 자리매김하며
크게 활기를 띠었습니다.

다. 그것으로도 모자라 이자겸은 또 다른 딸을 인종의 왕비로 들여보냈습니다. 그러니까 이자겸은 인종의 외할아버지이면서 장인이었던 셈입니다.

이자겸은 조정의 중요한 자리를 자기 가족과 친척들에게 나누어 주었을 뿐만 아니라 뇌물을 받거나 백성들 땅을 빼앗아 재산을 늘렸습니다. 자신에게 반대하는 세력은 모두 몰아냈으며 나중에는 인종까지 죽이려 했습니다. 위기를 느낀 인종은 이자겸의 오른팔 노릇을 하던 척준경을 꾀어 이자겸을 공격했습니다. 이 공격으로 이자겸 세력은 순식간에 무너졌습니다. 이자겸과 그 일당은 모두 유배되거나 죽임을 당했습니다. 이 사건을 '이자겸의 난'이라고 합니다.

이자겸이 죽자 이번에는 척준경이 문제를 일으켰습니다. 척준경이 이자겸처럼 굴기 시작한 것입니다. 인종 입장에서는 호랑이를 피하려다 늑대를 만난 격이었습니다. 인종이 척준경을 싫어하는 기색을 보이자 몇몇 사람들이 인종에게 척준경을 쫓아내라고 부추겼습니다. 묘청 스님과 정지상, 백수한 등 서경을 기반으로 세력을 이루고 있는 사람들이었습니다. 인종은 척준경의 벼슬을 빼앗고 멀리 쫓아냈습니다.

이제 고려 조정은 권력 다툼을 끝내고 안정을 찾았을까요? 아닙니다. 오히려

문종~인종 가계도

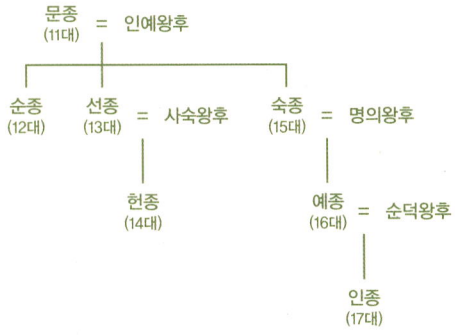

여러 신하가 함께 쓴 역사책《삼국사기》

《삼국사기》는 지금까지 남아 있는 우리나라 역사책 가운데 가장 오래된 책입니다. 《삼국사기》 이전에도 고구려, 백제, 신라가 저마다 역사책을 펴냈지만 모두 사라지고 없습니다. 《삼국사기》는 인종의 명을 받아 김부식과 10여 명의 관리들이 함께 쓰고 펴낸 책입니다.

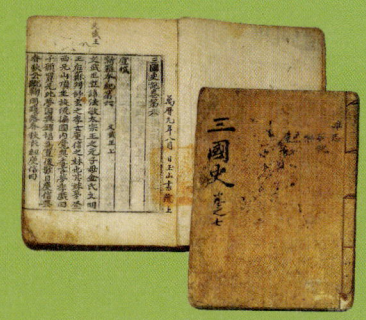

김부식은 《삼국사기》를 펴내면서, "삼국의 역사가 오래되었으니 마땅히 그 사실이 우리 책에 실려 있어야 한다"고 말했습니다. 즉 《삼국사기》를 통해 고려가 고구려, 신라, 백제의 정통을 이어받은 나라임을 분명히 밝히려 한 것입니다. 또 "지금의 선비들은 유교 경전과 중국 역사는 줄줄 외우면서도 우리나라의 일에 대해서는 까마득하게 모르고 있으니 매우 한심하다"고도 말하고 있습니다. 고려의 선비들이 우리 역사는 공부하지 않고 중국 역사만 공부한다고 꾸짖은 것입니다.

책임자 김부식과 관리들은 유교를 공부한 유학자였습니다. 따라서 《삼국사기》의 내용과 형식에도 유교적인 색깔이 나타납니다. 첫째, 충성, 효도, 예절 등을 강조했습니다. 왕에게 충성한 신하나 부모에게 효도한 자식은 추켜세우고, 그렇지 않은 사람은 매섭게 비판하고 있습니다. 둘째, 역사 사실을 중요하게 다뤘습니다. 실제 일어난 역사는 좋고 나쁘고를 가리지 않고 있는 그대로 서술했으며, 이에 비해 신화나 전설 등은 줄이거나 아예 서술하지 않았습니다. 셋째, 옛날 동아시아의 여러 나라들은 사대-자소 관계를 맺고 국제 질서를 지켰습니다. '사대'는 작은 나라가 큰 나라를 섬긴다는 뜻이고, '자소'는 큰 나라가 작은 나라를 존중해 준다는 뜻입니다. 《삼국사기》에서도 이를 당연하게 받아들이고 있습니다. 모든 나라가 평등하다고 여기는 오늘날의 눈으로 보면 이런 점들이 불편해 보이기도 합니다. 이 때문에 《삼국사기》를 비판하는 사람들도 있습니다.

　더 큰 회오리에 말려들고 있었습니다. 이자겸과 척준경이 사라진 뒤 고려 조정에는 두 세력이 등장했습니다. 묘청, 정지상, 백수한 등 서경 세력과 김부식이 이끄는 개경 세력입니다.

　서경 세력은 도읍을 서경으로 옮겨야 한다고 주장했습니다. 개경 땅은 기운이 나빠졌고 서경 땅은 기운이 좋다는 이유에서였습니다. 또 이들은 인종이 황제 자리에 올라 고려를 황제의 나라로 만들고, 여진족이 세운 금나라와 전쟁을 해서 영토를 넓혀야 한다고 주장했습니다. 인종은 서경 세력의 주장을 그럴듯하게 여겨 서경을 자주 둘러보고 궁궐도 새로 짓게 했습니다.

　그러자 김부식이 이끄는 개경 세력이 반대하고 나섰습니다. 개경 세력은 서경으로 도읍을 옮기는 데 너무 큰돈이 들고, 금나라와 당장 전쟁을 할 필요도 없다고 주장했습니다. 이때 금나라는 이미 요나라와 송나라를 멸망시켜 기세가 오를

서경과 대동강 고려시대 서경의 모습을 보여 주는 자료는 현재 남아 있지 않습니다. 조선시대 화가 김홍도의 〈월야선유도〉에 그려진 평양성과 대동강 일대 풍경.

대로 오른 상태였습니다. 인종은 차츰 개경 세력의 주장에 귀를 기울이며 서경 세력을 멀리했습니다.

인종이 마음을 바꾸자 다급해진 서경 세력은 반란을 일으켰습니다. 서경 세력을 이끌던 묘청은 새로 나라를 세워 이름을 '위'로 정하고 서경을 도읍으로 정했습니다. 다만 따로 왕을 세우지는 않고, 그 자리에 인종을 앉히려고 했습니다.

묘청이 난을 일으키자 김부식은 먼저 정지상과 백수한 등 개경에 있던 서경 세력을 제거했습니다. 사실 정지상과 백수한이 묘청과 함께 반란을 꾸민 증거는 없었지만 김부식은 인정사정 봐주지 않았습니다. 이들 가운데 정지상은 글솜씨가 빼어났습니다. 그래서 후대 사람들은 김부식이 정지상의 글솜씨를 질투해서 죽인 것이라고 의심하기도 합니다. 잠시 정지상의 시를 한 편 감상해 볼까요?

임을 보내며

비 갠 긴 강둑엔 풀빛 더욱 푸르고
임 보낸 남포 항구엔 슬픈 노래 가득하네.
대동강 물이야 마를 날 있으리오.
해마다 푸른 물결에 이별 눈물 더하는데.

〈임을 보내며〉에 나오는 남포 항구와 대동강은 모두 서경 가까운 곳에 자리하고 있습니다. 〈임을 보내며〉을 비롯하여 정지상의 작품에는 서경을 애틋하고 정감 있게 그린 것이 많습니다. 정지상이 서경을 얼마나 특별하게 생각했는지 잘 드러납니다. 이 아름다운 시와는 다르게 현실 정치는 더욱 탁하고 거칠게 흘러갔습니다.

김부식이 이끄는 군대가 서경에 도착하자 서경 세력 가운데 몇몇이 묘청을 죽이고 김부식에게 항복했습니다. 하지만 나머지 세력들은 성문을 닫아걸고 김부식의 군대에 저항했습니다. 김부식은 서경을 포위한 채 서두르지 않고 기다렸습니다. 그런 상태로 1년이 지나자 성 안의 식량이 바닥났습니다. 김부식의 군대가 이때를 노려 공격하자 제대로 먹지도 못한 서경 군사들은 금세 무너졌습니다. 묘청의 난은 그렇게 끝이 났습니다.

이자겸의 난과 묘청의 난을 겪으며 왕의 권위는 땅에 떨어졌습니다. 권력을 움켜쥔 개경의 문벌귀족들은 왕을 무시하고 제멋대로 날뛰었습니다. 그 속에서 또 다른 혼란의 싹이 자라고 있었습니다.

윤관의 9성과 금나라

고려가 내부의 권력 다툼으로 혼란스럽던 때 국경 너머 북방 지역에서는 새로운 기운이 꿈틀거리고 있었습니다. 여진족의 한 부족을 이끌던 아골타가 모든 여진족을 끌어 모으기 시작한 것입니다.

여진족은 본디 오늘날 함경도와 두만강 너머 지역에서 여러 부족으로 나뉜 채 흩어져 살던 말갈족의 후손들이었습니다. 그들은 거친 자연환경 때문에 대부분 목축이나 사냥을 하며 지냈습니다. 여진족은 고려와 물물교환으로 곡식을 구하기도 했지만, 자주 국경을 넘어와서 곡식을 훔치거나 빼앗아 가곤 했습니다. 고려로서는 여진족이 여간 골칫거리가 아니었습니다. 거란과의 전쟁이 끝난 뒤, 고려가 천리장성을 쌓은 것은 여진족의 침입을 막으려는 의도도 있었습니다.

세력을 키운 여진족 추장 아골타는 숙종 때 천리장성을 넘어와서 함경도 일부 마을을 차지했습니다. 고려군은 아골타 군대와 맞서 싸웠지만 크게 지고 말았습

여진족(청나라) 무사 여진족은 훗날 1636년에 청나라를 세우고 중국을 지배했습니다. 이탈리아 선교사이자 청나라 궁정 화가였던 주세페 카스틸리오네가 1755년에 그린 〈아옥석지모탕구도〉에 그려진 청나라 무사의 모습.

〈**척경입비도**〉 윤관이 여진족을 몰아내고 고려의 경계를 표시하는 비를 세우는 장면을 담은 그림입니다. 《북관유적도첩》에 수록.

니다. 첫 싸움에서 패배한 고려는 예종 2년(1107년)에 다시 윤관이 지휘하는 군대를 보내 여진을 공격하게 했습니다. 이번에는 고려군이 크게 승리했습니다. 윤관은 천리장성 너머 여진족이 살던 지역까지 차지했습니다. 그러고는 함주·영주·웅주·길주·복주·공험진·통태진·숭년진·진양진 등 아홉 곳에 성을 쌓고(윤관 9성) 고려 백성들을 옮겨 살게 했습니다.

하지만 윤관 9성은 그리 오래 고려의 영토로 남지 못했습니다. 땅이 거칠고 겨울이 길고 몹시 추워서 백성들이 안정적으로 살 수도 없었을뿐더러 땅을 되찾으려는 여진족이 끊임없이 쳐들어왔기 때문입니다. 고려는 어쩔 수 없이 1년여 만에 윤관 9성에서 물러났습니다.

한편 아골타는 강력한 지도력으로 여진족과 옛 발해 유민들까지 하나로 묶어 냈습니다. 자신감을 얻은 아골타는 거란과 싸우면서 빠르게 영토를 넓혀 갔습니다. 1115년에 아골타는 금나라를 세우고 스스로 첫 번째 왕 태조가 되었습니다.

이즈음 송나라는 금나라에게 거란을 함께 공격하자고 제안했습니다. 금나라는 송나라와 손잡고 거란과 전쟁을 벌였습니다. 무서운 기세로 밀어닥친 금나라군 앞에 세력이 기울어 가던 거란은 상대가 되지 못했습니다. 금나라군은 단숨에 거

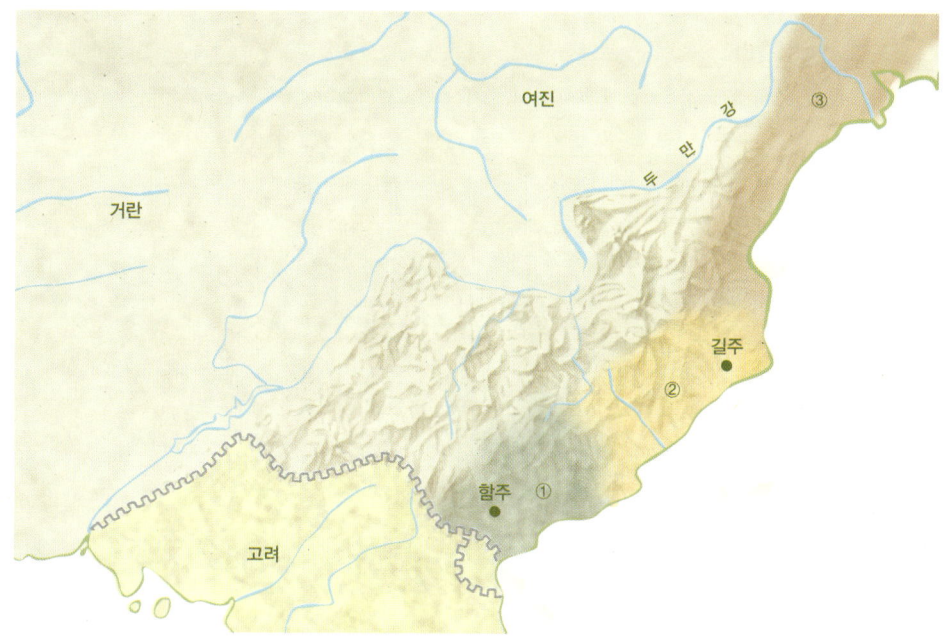

윤관 9성 윤관이 여진족을 몰아내고 어디까지 영토를 넓혔는지(9성의 위치)에 대해서는 정확히 밝혀지지 않았습니다. ① 함주(함흥평야) 일대 ② 길주 이남 ③ 두만강 유역 등 여러 의견이 있습니다.

란을 휩쓸어 버렸습니다.

   사실 송나라는 금나라와 거란이 싸우게 만들어서 양쪽이 상처를 입으면 그때 군대를 보내 영토를 차지할 계획이었습니다. 하지만 금나라의 기세는 송나라의 예상을 훨씬 뛰어넘었습니다. 거란을 무너뜨린 금나라는 내친김에 송나라까지 무너뜨려 버렸습니다. 송나라 황제는 금나라에 포로로 끌려갔으며, 황제의 동생은 양자강 남쪽으로 간신히 도망쳐서 다시 송나라를 세웠습니다. 금나라에 망한 송나라를 '북송', 양자강 남쪽에 새로 세운 송나라를 '남송'이라고 부릅니다.

   이제 금나라는 거대한 영토를 다스리며 동아시아의 강자로 떠올랐습니다. 고려도 금나라를 황제의 나라로 인정할 수밖에 없었습니다.

문신 출신 장군 강감찬

강감찬은 금주(서울시 관악구 봉천동)에서 태어났습니다. 태어날 때 하늘에서 큰 별이 집 쪽으로 떨어졌다고 해서 그가 태어난 집을 '낙성대'라고 부릅니다. 강감찬 집안은 경주 출신의 호족이었으며, 그의 아버지는 태조가 후삼국을 통일할 때 공을 세운 공신이었습니다.

강감찬은 서른여섯 살에 과거에 장원 급제하여 벼슬길에 올랐습니다. 강감찬이 조정 관료로 지낼 때 고려는 거란과 전쟁을 치렀습니다. 거란과의 2차 전쟁 때 강조가 거란군에 붙잡히면서 전세가 불리해지자 신하들 사이에서 항복하자는 의견이 일었습니다. 하지만 강감찬은 거란군과 계속 싸워야 한다고 주장했습니다. 강감찬은 현종을 나주로 피난시키고, 몇 가지 조건을 내걸어 거란군을 되돌려 보냈습니다. 2차 전쟁이 끝난 뒤 강감찬은 서경과 그 주변 지역의 군사를 지휘하는 벼슬자리에 올랐습니다. 강감찬은 성을 튼튼히 쌓고 군사들을 훈련시키며 거란과의 전쟁을 준비했습니다.

바로 그 해에 거란의 소배압이 10만 기마병을 이끌고 공격해 왔습니다. 강감찬은 흥화진과 자주(평안남도 자산)와 신은현(황해도 신계)에서 빼어난 전술로 거란군을 공격해 승리했습니다. 강감찬은 후퇴하는 거란군을 쉽게 놓아 주지 않았습니다. 고려군과 거란군은 마침내 귀주에서 마지막 전투를 벌였습니다.

상처를 입고 후퇴하던 거란군은 고려군의 상대가 되지 못했습니다. 고려군은 일방적으로 거란군을 밀어붙였고 거란군은 겨우 수천 명만이 살아 돌아갔을 뿐입니다. 귀주대첩은 고구려와 수나라의 전쟁 때 을지문덕의 살수대첩, 임진왜란 때 이순신의 한산도대첩과 더불어 우리나라 역사에서 3대 대첩으로 꼽힙니다. 귀주대첩 이후 강감찬은 나라를 구한 영웅으로 받들어졌고, 현종 때는 조정에서 가장 높은 문하시중 자리에 올랐습니다. 하지만 얼마 지나지 않아 여든네 살 나이로 눈을 감았습니다.

낙성대 강감찬을 기리기 위해 1974년에 세워진 사당입니다. 낙성대는 강감찬이 태어난 집과 조금 떨어져 있습니다.

강감찬은 빼어난 글솜씨로도 이름 높았습니다. 북송의 사신이 와서 강감찬을 보고는, "한동안 문곡성이 보이지 않더니 고려에 있었군요" 하면서 절을 했다고 합니다. 문곡성은 하늘에 있는 별 가운데 하나입니다. 그때는 문곡성의 기운을 타고난 사람은 뛰어난 글솜씨를 지니게 된다고 믿었습니다. 그러니까 북송 사신은 강감찬의 글솜씨가 북송에서도 보지 못했을 정도로 훌륭하다고 칭찬한 것이었습니다. 하지만 강감찬이 쓴 글은 현재 남아 있지 않습니다.

강감찬은 문과 과거를 보고 벼슬자리에 오른 문신인데 어떻게 장군이 되었을까요? 고려시대에는 유교의 영향으로 문신이 무신보다 훨씬 높은 대우를 받았습니다. 큰 규모의 군대를 지휘하는 장군 자리도 문신 관료가 맡았습니다. 문신들에 비해 차별받던 무신들은 훗날 난을 일으켜서 고려를 혼란의 소용돌이에 빠뜨립니다.

유물로 보는 역사

고려청자

청자상감구름학무늬매병 (청자상감운학문매병)

동아시아의 한반도와 만주 지역에 살던 사람들은 신석기시대부터 토기를 만들어 사용했습니다. 토기는 진흙을 물에 개어 모양을 빚은 다음 불에 구워 만든 그릇입니다. 신석기시대의 빗살무늬토기, 청동기시대의 민무늬토기, 철기시대의 덧띠토기, 검은간토기 등이 각 시대의 대표적인 토기입니다. 시간이 흐를수록 토기를 만드는 기술은 발전했지만 토기에는 근본적인 단점이 있었습니다. 토기는 쉽게 깨지고 물을 넣고 끓이면 흙물이 배어 나오기도 했습니다. 사람들은 이 문제를 해결하기 위해 노력을 기울였습니다. 마침내 나무를 태워서 남은 재를 섞은 물(유약)에 토기를 담갔다가 불에 구우면 그릇 표면에 유리처럼 매끈한 얇은 막이 생기고 그릇이 더욱 단단해진다는 사실을 알아냈습니다. 삼국시대가 끝날 때쯤의 일이었습니다.

   통일신라 때 그릇 만드는 기술은 더욱 발전했습니다. 중국에서 들여온 도자기 그릇을 보고 도자기를 만들기 시작한 것입니다. 도자기는 도기와 자기를 합쳐 부르는 말입니다. 도기는 흙으로 빚은 그릇에 유약을 바른 뒤 900도 이상의 높은 온도에서 구워 낸 그릇입니다. 자기는 백토라고 부르는 흰 빛깔의 흙으로 그릇을 빚은 뒤 유약을 발라 1,300도 정도의 가마(요)에서 구워 낸 그릇입니다. 우리나라에는 백토 중에서도 질이 좋은 고령토가 여러 지역에 널리 분포했습니다. 고령토에는 철 성분이 들어 있어서 높은 온도에서 구워 내면 은은한 푸른빛(비색)이 나는 도자기가 만들어졌습니다. 바로 청자입니다.

   나아가 고려 도공들은 청자에 상감 기술을 결합시켰습니다. 상감은 토기 겉면에 무늬를 새기고 거기에 금, 은이나 원 재료와 다른 흙 등을 채워 넣는 기술입니다. 여기에 유약을 바른 다음 구워 내면 푸른 빛깔의 겉면과 상감한 무늬가 감쪽같이 어우러졌습니다. 고려청자 이전에는 누구도 도자기에 상감할 엄두를 내지 못했습니다. 토기 겉면에 조금이라도 상처가 나면 굽는 과정에서 깨져 버리기 때문이었습니다. 고려 도공들은 오랜 노력 끝에 이 문제를 해결하고 상감 기술을 성공시킨 것입니다.

   고려청자는 귀족들의 생활공간을 고급스럽게 꾸며 주었으며, 고려의 주요 수출품으로 다른 나라에 팔려 나갔습니다.

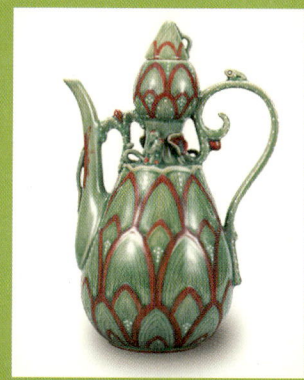
청자연꽃무늬표주박형주전자
(청자진사연화문표형주자)

청자사자모양향로
(청자사자향로)

청자참외모양병
(청자과형병)

1179년
경대승 집권

1196년
최충헌, 최씨 정권 수립

1170년
무신의 난

1184년
이의민 집권

무신정권

묘청의 난 이후 고려는 한동안 나라 안팎이 모두 편안했습니다. 금나라, 송나라와의 관계도 나쁘지 않았습니다. 오랫동안 평화가 계속되었습니다. 그러자 문벌귀족들은 어려울 때의 일을 잊고 사치스럽게 생활했습니다. 전쟁이 없다 보니 군인인 무관(무신)들에 대한 대우도 차츰 나빠졌습니다.

불만이 쌓일 대로 쌓인 무신들은 1170년에 난을 일으켜 문관들을 죽이고 권력을 잡았습니다. 이후 100여 년 동안 무신들은 권력을 놓고 서로 다투며 나라를 어지럽혔습니다. 무신들이 번갈아 가며 권력을 잡고 욕심을 채우느라 정치는 제대로 이루어지지 못했습니다. 무신정권 시기에 백성들 생활은 더욱 어려워졌고 곳곳에서 민란이 일어났습니다.

무신의 난

이자겸의 난과 묘청의 난이 끝나고 인종은 한동안 나라를 안정되게 다스렸습니다. 인종이 죽자 왕비(공예왕후)는 유난히 아끼던 둘째 아들을 왕 자리에 앉히려고 했습니다. 하지만 신하들의 반대로 큰아들 의종이 왕 자리에 올랐습니다. 어렵게 왕위에 오른 의종은 자리를 빼앗기지 않을까 걱정하다가 동생에게 없는 죄를 뒤집어 씌워 유배를 보냈습니다. 그러고는 나랏일은 팽개쳐 두고 술을 마시며 놀기만 했습니다. 신하들도 오직 권력과 재산을 불리는 데만 관심을 기울였습니다.

이 시기에 금나라와 송나라(남송)는 서로 다툼을 벌이느라 고려에 신경 쓸 겨를이 없었습니다. 덕분에 고려는 안전했고, 전쟁 염려가 없다 보니 조정에서는 무신 관료들을 제대로 대우해 주지 않았습니다. 그러잖아도 고려에서는 무과 과거가 거의 치러지지 않았고, 무신은 문신에 비해 높은 벼슬자리에도 오르지 못했습니다. 심지어 전쟁이 일어나면 문신 관료가 전체 군대를 지휘하곤 했습니다. 이래저래 권력에서 밀려난 무신들은 불만이 쌓여 가고 있었습니다.

1170년 기어이 일이 터지고 말았습니다. 의종이 신하들을 거느리고 흥왕사를 거쳐 별궁인 보현원(경기도 장단)으로 놀러 가던 때였습니다. 한 문신이 자기 마음에 안 든다는 이유로 자기보다 나이도 많고 벼슬도 높던 대장군 이소응의 뺨을 때렸습니다. 그 모습을 본 무신들은 화가 났습니다. 이때 이의방을 비롯한 몇몇

인종~신종 가계도

```
인종      _  폐비 이씨        _  폐비 이씨         =  공예왕후
(17대)      (이자겸의 셋째 딸)     (이자겸의 넷째 딸)
                                              │
                                    ┌─────────┼─────────┐
                                   의종       명종      신종
                                  (18대)     (19대)    (20대)
```

둔덕기성 경상남도 거제시 둔덕면에 위치한 성으로, 무신의 난으로 쫓겨난 의종이 지낸 성이라는 뜻으로 '폐왕성'으로도 불립니다. 의종은 몇 해 뒤에 왕위를 되찾기 위해 경주에서 군사를 일으켰다가(김보당의 난) 이의민에게 죽임을 당합니다.

무신들이 상장군 정중부를 부추겼습니다. 정중부 또한 불만이 쌓였던 터라 마침내 그날 밤 칼을 뽑아 들었습니다.

  무신들은 그 자리에서 문신 50여 명을 모두 죽였습니다. 그런 다음 의종을 데리고 개경으로 와서 조정에 있던 문신 50여 명을 더 죽였습니다. 전체 문신 가운데 5분의 1이나 죽인 것입니다. 살아남은 문신들은 무신들 눈치를 보며 숨을 죽였습니다. 의종도 무사하지 못했습니다. 무신들은 의종을 멀리 거제도로 쫓아 버리고 의종의 동생을 왕 자리에 올렸습니다. 명종입니다. 무신의 난으로 조정 권력은 순식간에 무신들에게 넘어갔습니다.

  권력을 잡은 무신들은 왕과 문신을 조롱하며 조정을 마음껏 주물렀습니다. 무신들은 좋은 벼슬은 자리들끼리

나눠서 맡고, 문신들은 중요하지도 않고 권력도 휘두를 수 없는 벼슬을 주었습니다. 중요한 나랏일을 결정하는 일도 무신이 맡았습니다. 이제 상장군과 대장군이 모여 군대 일을 의논하던 중방이 가장 중요한 기관이 되었습니다.

무신의 난을 이끈 상장군 정중부는 중방에서 가장 높은 자리를 차지했습니다. 하지만 실제로 권력을 가진 사람은 이의방이었습니다. 이의방은 비록 관직이 낮았지만 무신의 난을 처음부터 계획했으며, 또 그를 따르는 군인들도 많았습니다. 정중부도 이의방을 두려워할 정도였습니다. 그야말로 이의방의 세상이었습니다.

이들 무신들도 문신들처럼 권력을 차지하려고 다투는 데만 정신이 팔려 있었습니다. 그러니 백성들의 삶은 더 힘겨워졌습니다. 무신의 난 때 살아남은 문신들도 불만이 쌓여 갔습니다. 문신들은 무신들 눈치를 보며 두려움에 떨면서도 다시 권력을 되찾을 기회만 노렸습니다.

문신 김보당도 그중 한 사람이었습니다. 김보당은 높은 벼슬자리에서 쫓겨나 동계의 동북면병마사(군대 지휘관)로 임명되었습니다. 그러자 김보당은 정중부와 이의방을 몰아내고 의종을 다시 왕으로 모시겠다며 군대를 일으켰습니다. 김보당이 난을 일으키자 이의방은 부하 이의민을 보내 의종부터 죽였습니다. 그러고는 군대를 보내 김보당을 공격했습니다. 김보당 군대는 석 달도 버티지 못하고 무너졌습니다.

개경에 잡혀 온 김보당은 죽기 전에 조정의 모든 문신들이 자기와 함께 반란을 계획했다고 말했습니다. 무신들 눈치만 보는 문신들이 미워서 없는 사실을 꾸며 냈던 것입니다. 이의방은 김보당 말을 핑계 삼아 다시 수많은 문신들을 죽였습니다. 이제 조정에는 문신들이 정말 얼마 남지 않게 되었습니다.

영통사 권력을 잡은 무신 세력은 고려 왕조와 문벌귀족의 지원을 받던 개경 부근의 사찰을 탄압했습니다. 고려 왕들의 제사를 지내고, 의천이 천태종을 일으켰던 영통사도 이때 기세가 크게 기울었습니다. 영통사는 조선 후기에 터만 남았다가 2005년경에 복원되었습니다.

이것으로 끝이 아니었습니다. 이번에는 서경을 다스리던 서경유수 조위총이 반란을 일으켰습니다. 조위총은 김보당의 실패를 교훈 삼아 좀 더 조심스럽게 움직였습니다. 조위총은 먼저 백성들을 자기편으로 끌어들였습니다. 무신들이 동계와 북계 사람들을 모두 죽일 게 분명하니 함께 뭉쳐서 무신들을 몰아내자고 한 것입니다. 평소 개경으로부터 차별을 받고 있다고 여기던 서경 주변의 40여 개 고을이 조위총 편을 들었습니다.

백성들의 지지를 얻은 조위총은 드디어 군대를 일으켜 개경으로 쳐들어갔습니다. 무신들의 군대가 막아섰지만 조위총 군대는 전혀 밀리지 않았습니다. 조위총 군대는 몇 차례 싸움에서 연달아 승리하며 개경 가까이에 이르렀습니다. 위기를 느낀 이의방은 직접 군대를 거느리고 나가 싸웠습니다. 이번에는 이의방 군대가 크게 이겼습니다. 승리에 들뜬 이의방은 도망가는 조위총 군대를 쫓아 서경까지 내달렸습니다. 하지만 조위총 군대는 다시 전열을 가다듬어 이의방의 군대에 반격을 했습니다. 이 싸움에서 이의방은 크게 패배하고 겨우 개경으로 돌아올 수 있었습니다.

이의방은 싸움에 지고 돌아온 것이 창피했던지 더 사납게 굴었습니다. 또 자기 딸을 명종의 아들(태자)에게 시집보내고, 더 많은 군대를 모아 훈련시켰습니다. 이의방의 횡포에 백성과 문신뿐 아니라 다른 무신들까지 두려움에 떨 정도였습니다. 권력만을 좇으며 모두에게 미움을 산 이의방은 결국 정중부의 아들 정균에게 죽임을 당했습니다.

이의방이 죽자 조위총 세력은 오히려 약해졌습니다. 이의방에 대한 미움 때문에 조위총을 편들던 사람들의 마음이 차츰 풀렸기 때문입니다. 또한 무신들의 군대는 서경을 직접 공격하기보다는 조위총 편을 들던 주변의 작은 고을부터 차례차례 공격했습니다. 작은 고을들은 하나둘 무신들의 군대에 무릎을 꿇었고, 서경에 있던 조위총은 외톨이가 되었습니다. 결국 난이 일어난 지 2년여 만에 서경은 무너지고 조위총은 죽음을 맞았습니다.

무신들의 권력 다툼

무신의 난으로 무신들이 권력을 잡았다지만, 그렇다고 관료 자리에 무신만 앉힐 수는 없었습니다. 문신들이 있어야 학문도 연구하고 행정도 맡겨 나라를 다스릴 수 있습니다. 무신 세력은 문신들을 어떻게 처리할지를 놓고 둘로 나뉘어 있었습니다. 이의방이나 벼슬이 낮은 무신들은 문신들을 죽이거나 쫓아내자고 주장했습니다. 그래야 자신들이 벼슬자리를 차지할 수 있기 때문이었습니다. 반면 정중부처럼 이전부터 높은 벼슬에 있던 무신들은 되도록 문신들을 살려 두고 또 벼슬도 주려고 했습니다.

이의방이 죽은 뒤 권력을 잡은 정중부는 이의방이 쫓아낸 문신들을 불러들여

다시 중요한 벼슬을 맡겼습니다. 하지만 문신들은 정중부에게 마음을 주지 않았습니다. 더욱이 무신들도 문신들과 친하게 지내는 정중부를 미워했습니다. 문신과 무신 모두에게 믿음을 얻지 못한 정중부의 권력은 매우 불안했습니다.

마침내 사고가 터지고 말았습니다. 스물여섯 살의 젊은 무신 경대승이 부하들을 이끌고 정중부를 습격한 것입니다. 처음 무신의 난을 일으킨 지 9년, 이의방을 죽이고 권력을 잡은 지 5년 만에 정중부는 경대승에게 목숨을 잃고 말았습니다.

정중부를 죽인 경대승은 특이한 사람이었습니다. 그의 아버지 경진은 이름난 무신이었습니다. 정중부가 권력을 잡고 있을 때 높은 벼슬을 지냈으며, 욕심이 많아 남의 땅을 막무가내로 빼앗기도 했습니다. 아버지의 행동을 부끄럽게 생각하던 경대승은 아버지가 죽은 뒤, 아버지가 빼앗은 땅을 모두 나라에 바쳤습니다. 이처럼 나라를 위하는 마음이 남달랐던 경대승의 눈에 왕을 쫓아낸 무신들이 좋게 보일 리 없었습니다. 그래서 경대승은 기회를 엿보다가 정중부를 죽였던 것입니다.

권력을 잡은 경대승은 중방에 몰려 있는 권한을 빼앗았습니다. 그 대신 문신들에게 벼슬을 주고 중앙 정부 기구의 권한을 무신의 난이 일어나기 전 상태로 되돌렸습니다. 권력에서 밀려난 무신들은 경대승의 행동에 큰 불만을 품었습니다. 무신들의 불만을 눈치챈 경대승은 가장 믿을 만한 부하 100여 명을 모아 자신을 지키게 했습니다. 이 기구가 도방입니다. 도방은 경대승 개인을 보호하는 사병 군대였습니다.

경대승은 권력을 잡은 지 얼마 되지 않아 서른 살 때 갑자기 병에 걸렸습니다. 《고려사》에는 '정중부가 꾸짖는 꿈을 꾸고 병에 걸렸다'고 기록되어 있습니다. 정

무신정권 성립 과정

문신들의 횡포에 불만이 쌓인 무신들이
반란을 일으켜 권력을 잡았습니다.

무신들은 문벌귀족을 비롯한 문신들을 몰아내고
죽였습니다. 몇몇 문신들의 반란도 무자비하게 탄압했습니다.

무신정권 시기에는 옛 고구려·신라·백제의 부흥과
신분 해방 등을 주장하는 민란이
전국에서 일어났습니다.

최충헌은 다섯 명의 왕이 바뀌는 동안 흔들림 없이 권력을 장악했으며, 이후
최충헌 집안은 4대에 걸쳐 62년 동안 최고 권력자의 자리를 유지했습니다.

말 그런 꿈을 꾼 것인지는 알 수 없지만, 권력을 잡은 뒤 마음 편할 날이 없었으리라는 점만은 짐작할 수 있습니다. 경대승은 끝내 다시 일어나지 못하고 죽고 말았습니다.

경대승이 죽자 조정은 다시 혼란에 빠졌습니다. 문신과 무신이 뒤엉켜 권력 다툼을 벌였습니다. 하지만 아무도 앞에 나서려 하지 않았습니다. 권력을 가졌던 이의방, 정중부, 경대승이 차례로 죽어 나가는 것을 눈앞에서 보았기 때문입니다. 조정 관료들은 언제 어느 때 목숨을 잃을지 몰라 서로를 감시하며 눈치를 살폈습니다.

명종도 마찬가지였습니다. 누군가 반란을 일으켜 자신을 왕 자리에서 쫓아낼지도 모른다는 생각에 불안해했습니다. 명종은 생각 끝에 이의민을 불러 자신을 보호하게 했습니다. 이의민은 의종을 쫓아내고 명종을 왕으로 만들어 준 이의방의 부하였습니다. 더욱이 이의민은 직접 의종을 죽인 사람이었습니다. 그런 이의민이라면 적어도 의종의 원한을 갚는다며 반란을 일으키지는 않을 것이라고 생각한 것입니다.

무신 권력의 이동과 특징

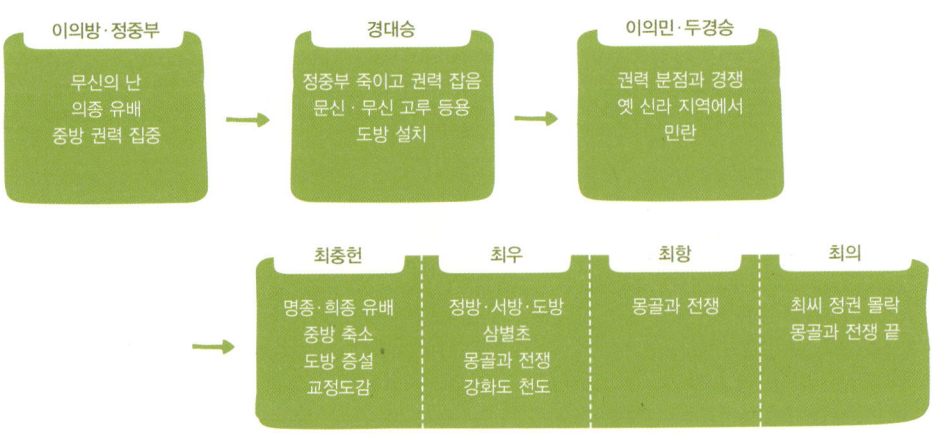

무신의 난과 수박희

무신의 난은 무신들이 제대로 대우받지 못한 데 대한 불만이 쌓여 일어났습니다. 그런데 무신의 난은 구체적으로 언제, 어떤 계기로 시작되었을까요?

의종은 무신들이 불만이 많다는 것을 이미 알고 있었습니다. 의종은 보현원에 놀러 갔을 때 무신들끼리 수박희라는 경기를 열게 했습니다. 수박희에서 이긴 무신에게 많은 상을 주어 불만을 달래 주려는 생각이었습니다. 하지만 결과는 그 반대였습니다. 대장군 이소응이 다른 무신과 겨루다가 힘에 부쳐 달아나자 한뢰라는 젊은 문신이 쫓아가 뺨을 때렸고, 그 모습을 본 왕과 신하들은 깔깔대며 크게 웃었습니다. 무신들은 이 사건을 자신들에 대한 모욕이라고 생각했으며, 그 길로 난을 일으켰던 것입니다.

수박희란 수박이라는 무예로 겨루는 놀이입니다. 수박은 수벽치기라고도 하는데, 손과 발을 사용해서 상대방을 공격하는 무술입니다. 고려시대 무신들과 군인들 중에는 이 수박을 익힌 사람이 많았던 것 같습니다. 무신 이의민도 수박을 잘한 덕에 의종의 눈에 띄어 높은 벼슬을 받았고 나중에 경대승의 뒤를 이어 권력을 잡기까지 했습니다.

군인이 수박을 익히는 풍습은 조선시대까지 이어졌습니다. 태종은 군인을 뽑을 때 활 잘 쏘는 사람과 달리기와 수박으로 세 명 이상 이긴 사람을 뽑게 했습니다. 세조 때도 수박을 잘하는 사람을 골라 군인으로 뽑은 것을 보면 수박은 백성들 사이에 널리 퍼진 무술이었던 것 같습니다.

조선 정조 때 만들어진 《무예도보통지》에는 여러 가지 무기를 다루는 기술뿐 아니라 손발로 치고 때리는 권법도 실려 있습니다. 아마도 고려 때의 수박으로부터 이어져 내려온 기술일 것입니다. 하지만 창과 칼뿐만 아니라 활, 총, 대포 같은 무기들이 발명되어 전쟁에서 중요한 역할을 하게 되면서 수박 무술은 점차 사라졌습니다. 요즘에도 볼 수 있는 택견이 수박을 이어받은 것이라는 주장도 있습니다.

권력을 잡기 위해서는 무슨 짓이라도 할 테야.

이때 이의민은 경대승을 피해 고향 동경(경주)에 숨어 있었습니다. 의심 많은 이의민은 명종이 불러도 처음에는 꿈쩍도 하지 않다가 여러 차례 부름을 받은 뒤에야 비로소 개경으로 올라왔습니다. 개경에 올라온 이의민은 곧바로 두경승과 함께 권력을 나누어 가졌습니다. 실제 권력은 이의민이 가지고 있었지만 벼슬은 두경승이 더 높았습니다.

이 두 사람은 좋은 집안 출신이 아니었습니다. 이의민의 아버지는 소금장수였고 어머니는 절의 노비였습니다. 두경승도 그저 싸움을 잘하고 힘이 세서 군인이 되었다가 차츰 벼슬이 높아진 사람이었습니다. 글도 전혀 읽을 줄 몰랐다고 합니다. 두 사람은 때로는 서로 힘을 합치고 때로는 서로 다투면서 나라를 이끌어 갔지만 오래갈 수 없는 형편이었습니다.

최씨 무신정권의 등장

이의민과 두경승이 권력을 잡으면서 조정은 다시 무신들 차지가 되었습니다. 살아남은 문신들도 이들에게 아부하기 바빴습니다. 특히 이의민은 권력을 함부로 휘둘러 뇌물을 받거나 백성들 땅을 함부로 빼앗기도 했습니다. 이즈음 옛 신라 지역인 경상도에서 민란이 일어났는데, 조정에서는 이의민이 민란 세력과 힘을 합쳐 왕이 되려 한다는 소문이 돌았습니다. 소문을 들은 명종과 관료들이 의심의 눈초리를 보내자 이의민은 오히려 자신의 힘을 과시라도 하듯 더 막무가내로 행동했습니다. 이의민의 두 아들도 아버지를 믿고 온갖 나쁜 짓을 하고 다녔습니다.

이의민의 악행이 계속되자 무신 최충헌, 최충수 형제는 군대를 이끌고 이의민을 공격했습니다. 그러고는 이의민과 가족뿐만 아니라 그와 가까운 사람들까지 모두 죽였습니다. 개경에는 또 한 차례 피바람이 불었습니다.

최충헌은 이때 섭장군으로, 장군 가운데 그리 높지 않은 벼슬 자리에 있었습니다. 그런데 어떻게 이의민 세력을 몰아내고 권력을 잡을 수 있었을까요? 최충헌은 대대로 이름난 무신 집안 출신이었습니다. 최충헌의 아버지도 상장군까지 지낸 무신으로 무신뿐만 아니라 일부 문신들과도 사이가 좋았습니다. 이 때문에 최충헌이 이의민 세력을 무너뜨리자 이름난 집안의 사람들이 적극 도왔습니다. 물론 이의민 세력이 권력을 제멋대로 휘두르면서 민심을 잃은 탓도 컸습니다.

새로이 권력을 움켜쥔 최충헌은 이전의 무신들과 비슷하게 행동했습니다. 자신의 권력에 위협이 될 만하면 싹부터 철저하게 잘라 냈습니다. 동생 최충수를 비롯하여 자신에게 도전할 만한 부하들까지 차례차례 죽였습니다. 뒤이어 명종과 두경승을 유배 보냈으며, 명종의 동생 신종을 왕 자리에 앉혔습니다.

최충헌은 중방의 역할도 크게 줄였습니다. 그 대신 중요한 나랏일은 모두 혼자 결정했고, 경대승처럼 도방을 만들어 자신을 지키게 했습니다. 최충헌의 도방에는 경대승 때와는 비교할 수 없을 정도로 군사가 많았습니다.

이것으로도 부족했는지 최충헌은 교정도감을 설치했습니다. 교정도감은 처음에는 최충헌에 반대하는 세력을 잡아내는 일을 하다가 차츰 힘이 커져서 최고의 권력 기관이 되었습니다. 군대를 어떻게 움직일지, 어떤 사람을 어떤 벼슬에 임명할지, 죄 지은 사람에게 어떤 벌을 내릴지, 백성에게 얼마나 세금을 거둘지, 다른 나라와 어떻게 외교를 맺을지 등 나라의 중요한 일을 모두 교정도감에서 결

> 최씨 가문이 권력을 이어가도록 반대 세력을 아예 없애 버렸어.

역사발자국

🦶 손변의 재판

손변은 최충헌 집안이 권력을 잡고 있던 시기에 조정의 문신 관료로 일했습니다. 손변은 맡은 일을 잘 처리해서 빠르게 높은 벼슬자리에 올랐습니다.

손변이 경상도 안찰부사로 내려갔을 때의 일입니다. 누나와 남동생이 돌아가신 부모의 재산을 놓고 다투다가 손변에게 판결을 내려 달라고 찾아 왔습니다. 이 남매의 부모는 죽으면서 누나에게 모든 재산을 물려주고 남동생에게는 옷, 모자, 신발 하나씩과 종이 한 묶음만 물려주었습니다. 이를 억울하게 생각한 남동생은 부모의 재산을 누나만 갖는 것은 옳지 않다며 손변에게 호소했습니다. 누나는 누나대로 부모의 유언을 함부로 어길 수 없다고 주장했습니다. 남매의 이야기를 들은 손변은 이렇게 판결을 내렸습니다.

"부모가 자식을 사랑하는 마음은 다 똑같은 것이다. 너희 아버지는 만약 재산을 똑같이 나누어 주면 누나가 동생을 보살피지 않을지도 모른다고 걱정했을 것이 틀림없다. 남동생에게 옷과 모자와 신발과 종이를 물려준 것도 다 이유가 있다. 남동생이 자라 어른이 되면 부모가 물려준 옷과 모자를 입고 쓰고 신발을 신고 종이에 억울한 사정을 적어 나라에 호소하라는 뜻이었다. 그리하면 누군가는 옳게 판단을 내려 주리라 생각했을 것이다. 그러니 너희들은 부모의 뜻에 따라 재산을 똑같이 나누어 가져라."

남매는 손변의 말을 듣자 마주 보고 울면서 재산을 나누어 가졌습니다.

어떤가요. 손변이 문제를 멋지게 해결한 것 같지 않나요? 손변의 재판 이야기에 따르면 고려 때는 부모가 아들과 딸 관계없이 재산을 똑같이 나누어 주었던 것으로 보입니다. 현명한 손변은 고려 사회에 널리 퍼져 있던 관습에 따랐을 테니까요. 이렇게 부모의 재산을 자녀들이 똑같이 나누어 받는 것을 '자녀 균분 상속'이라고 합니다.

정했습니다. 그 교정도감을 마음대로 움직이는 사람이 바로 최충헌이었습니다.

이제 최충헌은 고려에서 가장 큰 권력을 누렸습니다. 나라의 군대도 최충헌의 군대나 다름없었고, 조정 관리들도 최충헌의 신하처럼 굴었습니다. 신종조차 왕으로서 어떤 권한도 갖지 못했습니다. 신종은 시름시름 앓다가 큰아들 희종에게 왕위를 물려주고 곧 죽었습니다. 새로 왕이 된 희종도 최충헌이 두렵기는 마찬가지였습니다. 참다못한 희종은 몇몇 신하들과 함께 최충헌을 죽이려 했지만 곧 들통나고 말았습니다. 희종은 왕 자리에서 쫓겨나 강화도로 유배되었습니다.

희종을 쫓아낸 최충헌은 명종의 큰아들을 불러 왕위에 올렸습니다. 강종입니다. 하지만 강종은 겨우 2년 만에 숨을 거두었고, 강종의 큰아들 고종이 그 뒤를 이었습니다. 최충헌은 명종·신종·희종·강종·고종 등 무려 다섯 명의 왕이 바뀌는 동안 흔들림 없이 권력을 유지했습니다. 그뿐만 아니라 최충헌의 아들 최우(최이), 손자 최항, 증손자 최의에 이르기까지 최충헌의 집안은 4대에 걸쳐 62년 동안 최고 권력자의 자리에 앉았습니다. 왕족이 아닌 집안이 이렇게 오랫동안 대를 이어 권력을 누린 경우는 우리 역사상 처음 있는 일이었습니다.

최씨 무신 정권은 권력을 지키기 위해 여러 관청을 만들었습니다. 최우는 '정방'이라는 기관을 만들어서 어떤 관리가 어떤 벼슬자리에 알맞은지 가려내게 했

명종~고종 가계도

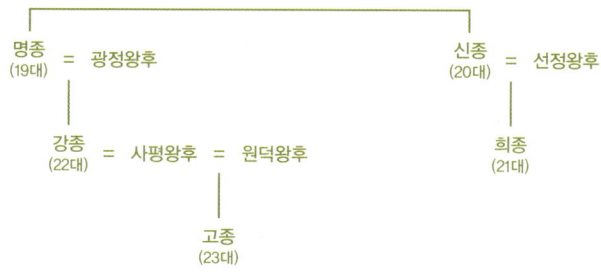

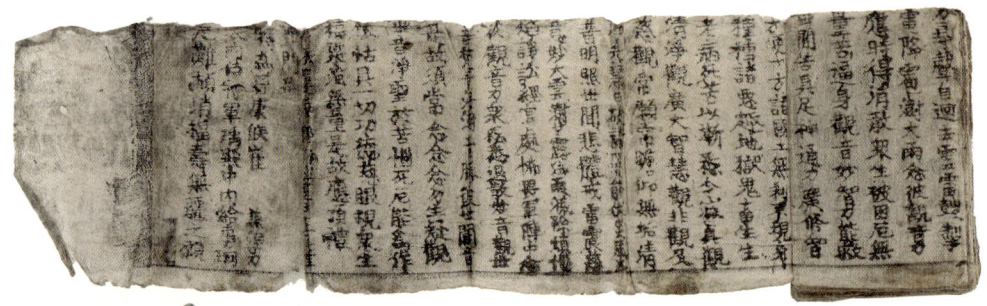

〈불정심관세음보살대다라니경〉
불정심관세음보살모다라니는 불교의 관세음보살이
중생에게 전한 가르침입니다. 최충헌과 두 아들은 여기에
다른 경전들을 더한 〈불정심관세음보살대다라니경〉을
조그맣게 목판 인쇄해서(가로 27.5센티미터, 세로 5.3센티미터)
몸에 지니고 다녔습니다(아래).

습니다. 물론 마지막에는 최우가 신하들의 벼슬자리를 결정했습니다. 또 최우는 '서방'이라는 기관을 만들고 여기에 학자들을 불러 모았습니다. 이들은 최우와 함께 글공부를 하고 중요한 나랏일에 의견을 내기도 했습니다. 정방과 서방은 최우가 만든 개인 기구였지만 점차 국가 관청 역할을 했습니다.

군대도 마찬가지였습니다. 최충헌이 만든 도방은 최씨 정권이 안정되면서 점차 규모와 권한이 커졌습니다. 최우는 도방을 내도방과 외도방으로 나누었습니다. 내도방은 최우를 지키고, 외도방은 최씨 집안 사람들을 지키는 역할을 했던 것 같습니다. 또 최우는 기마 군대인 마별초를 별도로 만들었으며, 나중에는 마별초의 일부를 떼어 내어 야별초를 만들었습니다. 야별초는 밤에 돌아다니며 도둑을 잡는 군대로, 오늘날로 치면 경찰 역할을 했습니다. 야별초의 규모가 커지자 최우는 다시 이를 둘로 나누어 좌별초와 우별초로 만들었습니다. 또 몽골군에

최씨 정권의 주요 개인 기관

게 포로로 잡혔다가 도망쳐 나온 군인들을 모아 신의군을 만들었습니다. 최우가 만든 좌별초와 우별초, 그리고 신의군을 합하여 '삼별초'라고 합니다.

삼별초는 최씨 정권을 지키는 일뿐만 아니라 백성들의 민란을 막고 몽골군과 전투를 벌이기도 했습니다. 삼별초는 나라의 군대인지 최씨 정권의 사병인지 알 수 없을 정도로 애매한 군대였습니다. 삼별초는 훗날 고려 조정이 몽골에 항복하자 이를 거부하고 끝까지 싸우게 됩니다.

민란의 시대

무신들이 권력 다툼을 벌이던 때의 일입니다. 권력을 손에 쥔 사람이 여러 차례 바뀌었지만 백성들의 형편은 전혀 나아지지 않았습니다. 무신들의 권력 다툼에 신물이 난 백성들은 곳곳에서 반란을 일으켰습니다.

조위총의 난이 한창이던 때 공주목 명학소(대전시 유성 부근) 백성들이 들고일어났습니다. 명학소는 향·소·부곡 가운데 '소'였습니다. 소에서는 금은 공예품·그릇·소금·기와 등 여러 물건을 만들었는데, 명학소에서는 주로 숯을 만들었습니다. 무신 세력이 들어서면서 이전보다 더 많은 물건을 세금으로 거둬 가자 주민들은 분노를 터트렸습니다. 명학소의 망이·망소이 형제는 향·소·부곡을 차별 없이 대우해 달라고 주장하면서 주변 지역 백성들과 함께 반란을 일으켰습니다.

세력을 키운 반란군은 공주성을 무너뜨리고는 개경을 향해 나아갔습니다. 마침 서경에서는 조위총의 난이 일어났던 때라 고려 정부는 망이·망소이의 난에 집중할 수가 없었습니다. 그래도 군사를 3천여 명 내려 보냈지만 반란군에게 패배했습니다. 군사 훈련을 받은 관군에게 승리할 정도면 반란에 참가한 백성들의 수는 몇 만 명은 넘었을 것입니다. 반란군의 기세에 놀란 조정에서는 명학소를 '현'으로 높여 주었지만 소용이 없었습니다. 반란군은 가는 길마다 백성들의 환영을 받았습니다. 기세를 몰아 충주성까지 빼앗은 망이·망소이 반란군은 한동안 그곳에 머물렀습니다.

그때 마침 조위총의 난이 끝났습니다. 그러자 고려 조정에서는 대규모 군대를 보내 반란군을 공격했습니다. 관군에게 쫓긴 반란군은 뿔뿔이 흩어졌습니다. 망이·망소이 형제는 그 뒤로도 곳곳에서 싸움을 이어 갔지만 결국 사로잡혀서 죽음을 맞았습니다.

망이·망소이의 난은 고려 조정에 적지 않은 충격을 주었습니다. 고려 조정은 향·소·부곡을 차츰 군·현으로 바꾸었습니다. 조선 초기에 이르러 향·소·부곡은 모두 사라졌습니다.

망이·망소이의 난을 시작으로 곳곳에서 백성들이 반란을 일으켰습니다. 오늘날 전라북도 익산과 전주, 충청북도 옥천, 충청남도 서산, 경상북도 경주와 경상남도 밀양, 강원도 강릉, 제주도 등에서 백성들의 반란이 일어났습니다.

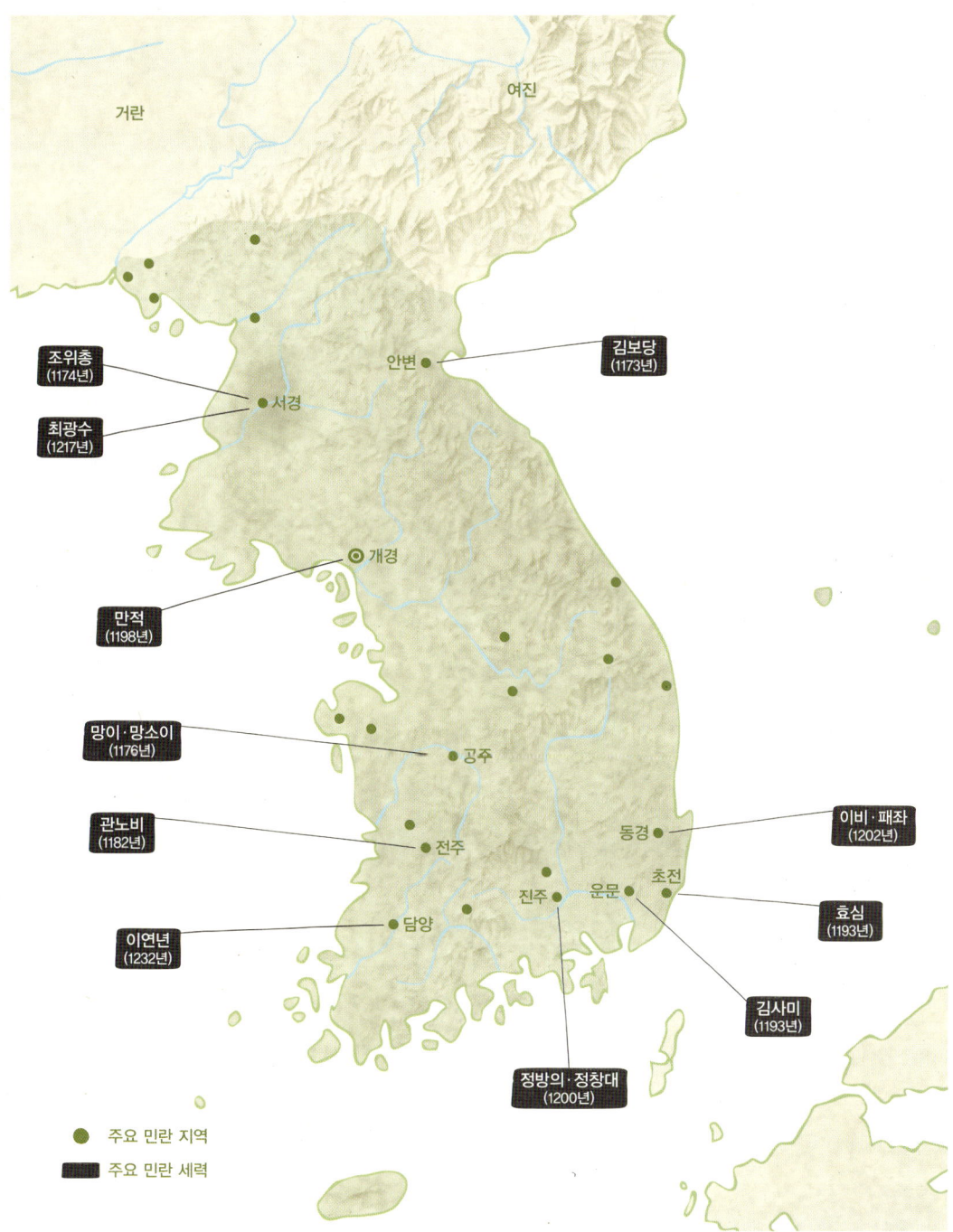

무신정권 시기의 민란 무신정권 시기에는 전국에서 민란이 이어졌습니다. 특히 낮은 신분에서 벗어나려는 민란도 많이 발생했습니다.

이 가운데 옛 신라 지역에서 일어난 김사미와 효심의 난이 가장 규모가 컸습니다. 김사미는 운문(경상북도 청도)에서, 효심은 초전(경상남도 울산)에서 반란을 일으켰습니다. 이들은 신라를 다시 세우겠다면서 백성들을 끌어들였습니다.

조정에서는 반란을 막기 위해 군대를 보냈지만 김사미와 효심의 군사들에게 번번이 졌습니다. 조정 군대를 이끌던 총대장 전존걸은 패배의 책임을 지고 스스로 목숨을 끊었습니다. 그러자 개경에서는 이의민이 몰래 김사미와 효심을 도왔다는 소문이 돌았습니다. 명종과 조정 관료들은 이의민을 의심했습니다. 이의민은 사실이 아니라고 잡아뗐지만 의심은 수그러들지 않았습니다. 다급해진 명종과 무신들은 더 많은 군대를 보내 반란군을 막게 했습니다. 조정 군대는 차츰 싸움에서 이겨 반란군을 궁지에 몰아넣었습니다. 오랜 싸움 끝에 김사미와 효심은 산 채로 잡혀 죽임을 당했습니다.

김사미와 효심의 반란이 끝난 뒤 조정은 백성들 목소리에 조금이나마 귀를 기울이는 듯했습니다. 향리들이 함부로 백성들을 괴롭히지 못하게 하고, 밀린 세금도 거두지 않았습니다. 하지만 얼마 지나지 않아 조정은 다시 권력 싸움에 빠져 나라를 돌보지 않았고, 백성들 삶은 예전으로 돌아갔습니다. 몇 해 뒤 경주 농민들은 또다시 반란을 일으켰습니다.

서경에서도 고구려의 부흥을 내세운 민란이 일어났습니다. 최충헌이 권력을 휘두르던 1217년에 최광수는 백성들과 함께 반란을 일으켰습니다. 최광수는 자기를 '고구려부흥병마사'라고 불렀습니다. '고구려를 다시 세우기 위해 군사를 일으킨 사람'이라는 뜻입니다. 하지만 반란을 일으킨 지 몇 달 뒤 부하의 손에 죽음을 맞았습니다.

전라도 담양에서는 백제 부흥 운동이 일어났습니다. 1232년에 최씨 무신 정권과 고려 왕실은 몽골의 침략을 피해 강화도로 수도를 옮겼습니다. 그러면서 백성을 돌보기는커녕 전쟁을 치른다는 핑계로 백성들 재산을 빼앗아 갔습니다. 참다 못한 이연년은 1236년에 담양 금성산성을 근거지로 삼고 반란을 일으켰습니다. 이연년은 스스로를 '백제도원수'라고 불렀습니다. 이연년의 반란은 전라도 지휘사 김경손 군대에게 패배하며 끝을 맺었습니다.

이처럼 무신 정권 시기에는 신라, 고구려, 백제의 부흥을 내세운 반란이 많이 일어났습니다. 반란은 비록 실패했지만 백성들 사이에 옛 왕조에 대한 그리움이 남아 있었음을 보여 주고 있습니다.

이 시기에 노비들이 일으킨 반란도 있었습니다. 고려에서 신분이 가장 낮은 노비는 양인들보다 더 힘겨운 삶을 살았습니다. 노비는 주인에게 매여 하루 종일 고된 일에 시달려야 했습니다. 주인의 허락 없이는 잠시라도 쉬거나 돌아다니지도 못했습니다. 아무리 몸부림쳐도 노비 신분을 벗어나기 어려웠습니다.

무신들이 번갈아 가며 권력을 잡자, 노비들 가운데는 예전과 다른 생각을 하는 사람들이 생겨났습니다. 낮은 신분 출신이면서도 권력을 잡은 무신들이 있었기 때문입니다. 예를 들어 이의민의 아버지는 소금장수였고, 어머니는 절간 노비였습니다. 두경승도 이름 없는 집안 출신이었습니다. 이들은 우연한 기회에 신분의 굴레를 깨고 권력을 잡았습니다. 또 권력을 가진 사람이 하루아침에 죽어 나가고 그 자리에 새로운 권력자가 등장하기도 했습니다. 이제 노비들은 신분도 권력도 영원하지 않다는 사실을 알게 되었습니다. 몇몇 노비들은 노비 신분에서 벗어나기 위해 직접 행동에 나섰습니다.

최충헌이 권력을 휘두르던 때였습니다. 최충헌의 노비로 지내던 만적은 비밀리에 노비들을 모았습니다. 만적은 노비들에게, "무신의 난 이후로 신분이 낮은

🦶 고려 백성의 아픔을 생생하게 노래한 〈상률가〉

고려시대 문인 윤여형이 지은 시 〈상률가〉 일부를 감상해 볼까요?

(…) 촌집 늙은이 마른 밥 싸 들고
새벽 수탉 소리에 도톨밤 주우러 가네.
저 만 길 벼랑에 올라
칡넝쿨 헤치며 날마다 원숭이와 경쟁하는구나.
종일 주워도 광주리 차지 않고
다리는 동여맨 듯, 주린 창자는 꼬르륵.
(…) 고관 집 하루 음식이 만 전어치
별처럼 벌여지고 다섯 솥이 널려 있지.
하인도 술 취하여 비단 요에 토하고
말은 금전 도랑에서 배불러 우네.
어찌 알까, 그 좋은 음식이
모두 다 촌 늙은이 눈 밑의 피인 줄을.

윤여형은 일찍이 벼슬에서 밀려나 이곳저곳 떠돌아다녔습니다. 스스로 농사를 지으며 농민들과 함께 지내기도 했습니다. 그래서인지 〈상률가〉에는 하루 종일 도톨밤(도토리)을 줍는 고단한 촌집 늙은이와 날마다 잔치를 벌이며 풍족하게 사는 높은 관료의 모습이 또렷하게 대비되어 있습니다. 고려 사회는 이처럼 신분에 따라 생활 모습이 극과 극으로 나뉘었습니다. 그러니 백성들의 반란이 끊이지 않은 것도 어쩌면 당연했습니다.

사람들 가운데서도 높은 벼슬을 차지한 사람이 많이 나왔다. 태어나면서부터 높은 벼슬아치가 될 사람이 정해져 있는 것이 아니다. 때를 잘 만나면 누구나 될 수 있다. 왜 우리만 이렇게 채찍을 맞고 괴로움을 당해야 하는가" 하며 반란을 일으키자고 말했습니다.

개경에서 천민 해방 운동을 벌였지.

만적의 말에 그동안 억눌려 있던 노비들도 뜻을 같이했습니다. 만적과 노비들은 한날한시에 최충헌 집안사람들을 먼저 없애고, 각자의 주인도 죽이기로 약속했습니다. 하지만 약속한 날이 되자 겨우 수백 명밖에 모이지 않았습니다. 지레 겁을 먹은 노비들이 나타나지 않았던 것입니다. 이 정도로는 도저히 반란에 성공할 수 없었습니다. 만적은 비밀이 새어나갈까 두려웠지만, 날짜를 뒤로 미루고 헤어질 수밖에 없었습니다.

아니나 다를까, 두려움에 떨던 한 노비가 그때까지 일을 자기 주인에게 일러바쳤습니다. 노비의 주인은 이 사실을 최충헌에게 알렸으며, 최충헌은 당장 만적과 노비들을 잡아들여 죽였습니다. 만적과 함께 반란을 꿈꾸다가 용케 살아남은 노비들은 6년 뒤에 다시 반란을 준비했습니다. 하지만 또다시 최충헌에게 들켜 모두 죽임을 당하고 말았습니다.

만적의 난은 우리 역사에서 처음 일어난 노비 반란이었습니다. 비록 실패로 끝났지만, 노비도 사람이고 백성이라는 사실을 세상에 알렸습니다. 그 뒤로도 진주(경상남도 진주)와 밀성(경상남도 밀양) 등지에서 노비들의 반란이 일어났습니다.

무신정권 시기의 문신 이규보

고려 왕조 475년 동안 글을 잘 지어 유명해진 사람들이 여러 명 있습니다. 《동명왕편》을 지은 이규보도 그 가운데 한 사람입니다. 이규보는 지금의 경기도 여주에서 태어났습니다. 어려서부터 총명하여 책을 한 번만 읽어도 다 기억할 수 있었으며 아홉 살 때부터는 한문으로 글을 짓기 시작했습니다.

스물세 살에 과거 시험에 합격한 이규보는 자신의 글솜씨를 믿고 함부로 행동했습니다. 이 때문에 그를 싫어하는 사람이 많았고, 좋은 벼슬도 받지 못했습니다. 실망한 이규보는 벼슬에서 물러나 개경에서 멀지 않은 천마산에 들어가 살았습니다. 마치 벼슬에 관심 없는 듯 행동했지만, 고향이 아니라 굳이 개경 근처에 머문 것을 보면 꼭 그렇지만도 않은 듯합니다.

이규보는 천마산에 머물면서 동명왕 주몽의 탄생과 고구려 건국 과정을 기록한 책 《동명왕편》을 썼습니다. 이규보는 《구삼국사》를 참고하여 지었다고 밝히고 있습니다. 《구삼국사》는 《삼국사기》보다 앞서 만들어진 역사책입니다. 이규보는 왜 굳이 《구삼국사》를 참고했을까요? 이규보는 그 이유를 이렇게 밝히고 있습니다.

> 잠시 산에 들어가서 몸과 마음을 갈고닦아야겠어.

지난 계축년(1193) 4월 《구삼국사》를 구하여 〈동명왕본기〉를 보았다. 그 신이한 행적은 세상에서 사람들이 함부로 말하는 것보다는 나았으나 역시 처음에는 믿을 수가 없었다. 귀신 이야기거나 허황된 이야기 같기 때문이었다. (…) 김부식은 나라의 역사를 다시 쓰면서 동명왕의 일을 많이 생략하였다. 그는 국사가 세상의 풍속을 바로 잡는 데 필요한 것이라 생각했다. 이 때문에 아주 이상한 일을 후세에까지 보여 주는 것은 옳지 않다고 여겨 동명왕의 신이한 행적을 줄여 기록한 것이었다.

유교에서는 본래 괴상한 일이나 신기한 일을 믿지도 않고 말하지도 않습니다. 유교를 공부한 김부식은 이 때문에 《삼국사기》를 펴내면서 신화나 전설을 많이 생략했습니다. 하지만 이규보는 주몽에 대한 신화와 전설은 고구려 왕실의 신성함을 드러낸 것이므로 이를 다시 기록해야 한다고 생각했습니다. 그렇게 해야만 고구려 왕실의 신성함뿐만 아니라 고려 왕실의 신성함도 드러날 수 있다고 생각한 것입니다. 이 생각이 반영된 책이 바로 《동명왕편》이었습니다.

《동명왕편》을 통해 왕권의 신성함을 보여 주려 했던 이규보는 얼마 후 놀라운 변신을 했습니다. 당시 권력자인 최충헌에게 〈모정기〉라는 글을 지어 바친 것입니다. 〈모정기〉는 최충헌이 새로 지은 정자를 둘러보고 쓴 감상문인데, 최충헌을 높이 떠받드는 내용으로 가득했습니다. 최충헌의 눈에 든 이규보는 나이 마흔이 넘어 다시 벼슬자리에 올랐습니다. 최충헌의 아들 최우가 권력을 잡은 뒤에 이규보의 벼슬은 더욱 높아졌습니다. 벼슬이 높아질 때마다 이규보는 최씨 정권을 찬양하는 글을 지어 바쳤습니다. 이규보가 마음 깊이 최씨 정권을 따르고 충성했는지는 알 수 없습니다. 하지만 무신정권 아래서 벼슬아치로 살아남으려면 누구라도 이규보처럼 행동해야 했습니다.

이규보는 일흔네 살 나이로 죽을 때까지 많은 글과 외교 문서를 지었습니다. 당시 중요한 글이나 책은 모두 그의 손을 거쳤다고 할 정도였습니다. 이규보가 생전에 지은 글은 《동국이상국집》으로 묶여 오늘날까지 전해지고 있습니다.

유물로 보는 역사

송광사와 조계종

고려시대에는 유교를 공부한 문신 관료 가운데도 불교를 믿는 사람들이 많았습니다. 문벌귀족도 마찬가지였습니다. 문벌귀족은 특히 개경 주변의 사찰을 자주 찾아서 기도를 올리고 스님들과 친하게 지냈습니다. 사찰을 유지하고 넓히는 데 드는 비용은 대부분 문벌귀족의 호주머니에서 나왔습니다. 고려 초기에 개경 주변 사찰은 주로 교종을 기반으로 삼았습니다. 교종은 부처님 말씀을 담은 불경을 읽고 공부해야 빨리 깨달음에 이를 수 있다고 가르치는 불교 종파입니다.

무신의 난이 일어나 문벌귀족이 죽거나 힘을 잃자 개성 주변의 교종 세력은 위기의식을 느꼈습니다. 승려들 사이에서는 무신 권력에 반대하는 움직임이 일었습니다. 최충헌이 권력을 잡았을 때는 개경 주변 사찰의 승려들이 모여 반란을 일으켰습니다. 최충헌은 반란을 잠재우고 수많은 승려들을 죽이거나 유배 보냈습니다.

최씨 정권은 그 일을 겪은 뒤로 교종 불교를 억누르고, 그 대신 선종 불교를 적극 지원하기 시작했습니다. 선종은 홀로 고요하게 앉아서 깊이 생각해야 깨달음을 얻을 수 있다고 가르치는 불교의 한 갈래입니다.

최충헌의 아들 최우는 두 아들을 전라도 순천 송광사에 보내 승려가 되게 했습니다. 신라 말기에 세워진 송광사는 처음에는 자그마한 절이었습니다. 그러다가 보조국사 지눌이 조계종을 세우고 이곳에 머무르면서 점차 규모가 커졌습니다.

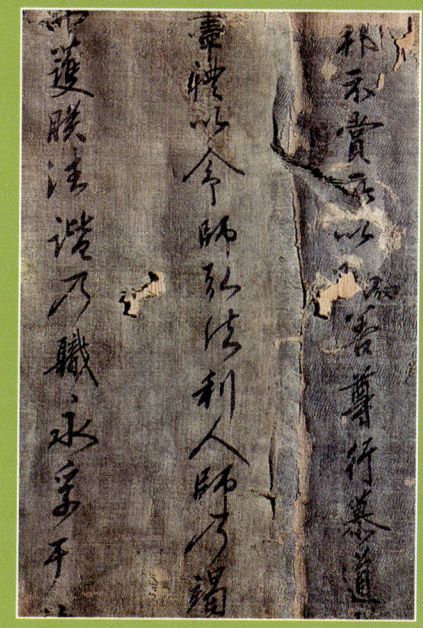

혜심고신제서 고려 고종이 혜심에게 '대선사'의 호를 내린 문서. 혜심은 지눌의 뒤를 이어 조계종을 이끌었던 승려입니다.

지눌은 선종 불교에 가까웠지만, 선종과 교종이 서로 다르지 않다고 생각했습니다. 그래서 선종 입장에서 교종을 받아 안으며 조계종이라는 불교 종파를 세웠습니다. 지눌의 조계종은 최씨 정권의 지원을 바탕으로 선종과 교종을 빠르게 하나로 묶어 냈습니다. 덕분에 조계종은 고려 불교의 중심으로 자리 잡았습니다.

조계종은 오늘날까지 우리나라 불교에 큰 영향력을 떨치고 있으며, 송광사 또한 오랜 역사를 간직한 채 제자리를 지키고 있습니다. 송광사는 보조국사 지눌 이래로 이름 높은 승려가 많이 나왔다고 해서 '승보 사찰'로 불립니다. 팔만대장경을 보관하고 있는 해인사(법보 사찰), 석가모니 부처님 몸에서 나온 사리 일부를 보관하고 있는 통도사(불보 사찰)와 함께 우리나라 '3보 사찰'로 꼽힙니다.

1231년
1차 고려와 몽골의 전쟁

1258년
최씨 정권 끝남

1206년
칭기즈칸, 몽골 통일

1232년
강화도로 수도 옮김

1270년
고려 조정, 개경으로 돌아옴
삼별초의 난

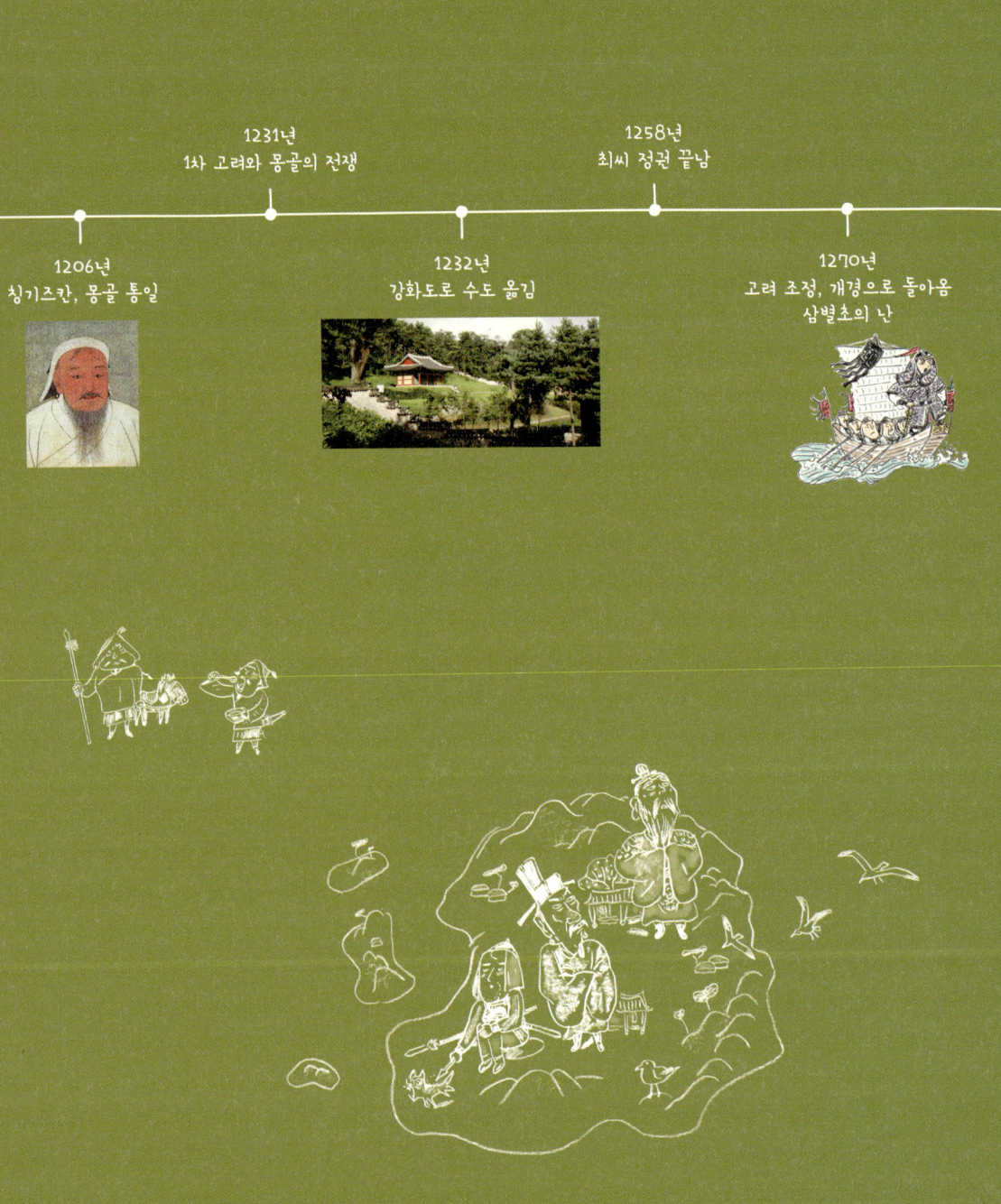

고려와 원나라

고려에 무신정권이 들어섰을 때, 몽골 초원에서는 테무친이 몽골의 여러 부족을 통일하여 힘을 키우고 있었습니다. 금나라와 송나라(남송)는 서로 힘을 겨루느라 몽골이 힘을 키우는 것을 막지 못했습니다. 그 사이 테무친은 몽골 여러 부족을 통일하고 칭기즈칸의 자리에 올랐습니다.

칭기즈칸은 이후 주변 나라를 휩쓸며 영토를 넓혔습니다. 칭기즈칸이 죽은 다음에도 몽골은 전쟁을 멈추지 않았습니다. 몽골군은 서쪽으로는 유럽과 아라비아반도 부근까지 이르렀고, 남쪽으로는 인도와 베트남의 북쪽까지 이르렀습니다. 인류 역사에서 가장 넓은 영토를 가진 대제국이 된 것입니다.

몽골이 고려를 침략해 오자 당황한 고려 조정은 도읍을 강화도로 옮겼습니다. 그러자 몽골은 항복을 요구하며 더욱 세차게 고려를 공격했습니다. 몽골의 침략에 고려 조정과 백성들은 어떻게 대응했을까요? 또 몽골과의 전쟁 이후 고려 사회는 어떻게 변화했을까요?

몽골의 침입과 강화도 천도

무신들의 권력 다툼과 민란으로 고려가 혼란스럽던 때, 몽골 초원에서는 새로운 세력이 힘을 키우고 있었습니다. 새로운 세력을 이끌던 사람은 몽골의 한 부족장 집안에서 태어난 테무친이었습니다. 1206년, 테무친은 몽골 부족을 하나로 통일하고 '칭기즈칸'으로 불리게 되었습니다. '큰 바다와 같은 황제' '황제 중의 황제'라는 뜻입니다.

몽골을 통일한 칭기즈칸은 곧장 몽골 서남쪽에 있던 서하를 무너뜨렸습니다. 몽골군은 내친 김에 금나라까지 쳐들어가 수도 동경(요양, 랴오양)을 휩쓸었습니다. 금나라는 얼마 버티지 못하고 곧 멸망하고 말았습니다.

금나라가 무너지자 금나라에 억눌려 있던 거란이 다시 일어나 나라를 세우려 했습니다. 몽골군은 그런 거란을 거세게 몰아붙였습니다. 몽골군에 쫓기게 된 거란군은 한반도 북부 지역까지 밀려났습니다. 다급해진 거란은 고려 국경을 넘어와 서경 동쪽에 있는 강동성을 빼앗고는 성문을 걸어 잠갔습니다. 이로써 고려도 국제적 변화의 영향을 받게 되었습니다.

칭기즈칸

1218년, 거란을 쫓아 내려온 몽골군은 강동성을 에워쌌습니다. 그러고는 고려 조정에 군사와 식량을 보내라고 요구했습니다. 고려와 몽골의 첫 대면은 이렇게 갑작스럽게 이루어졌습니다. 난데없는 몽골군의 등장에 고려 조정은 몹시 놀랐지만, 골칫거리인 거란을 무너뜨려 주겠다는 몽골군에게 군사와 식량을 보내지 않을 수도 없었습니다. 강동성 싸움은 그리 오래 가지 않았습니다. 몽골군은 거란을 거세게 공격해서 석 달 만에 항복을 받아 냈습니다.

　몽골군은 많은 거란족을 사로잡아 돌아가면서 고려 조정에 해마다 수달 가죽 1만 장, 비단 3천 필, 모시 옷감 2천 필 등을 바치라고 요구했습니다. 고려 조정이 감당할 수 없을 만큼 어마어마한 양이었습니다. 하지만 몽골군의 엄청난 위력을 본 고려 조정은 그 요구를 받아들이지 않을 수 없었습니다.

　이즈음 칭기즈칸이 이끄는 몽골의 주력 군대는 아시아 대륙의 서쪽으로 말을 내달렸습니다. 높은 산맥과 넓은 사막을 지난 몽골 군대는 호라즘과 만났습니다. 호라즘은 오늘날의 우즈베키스탄·투르크메니스탄·이란·아프가니스탄을 아우르는 큰 나라였습니다. 호라즘은 아시아와 유럽을 잇는 중계 무역으로 큰 이익을 남기고 있었으며, 몽골로서는 놓칠 수 없는 먹잇감이었습니다. 매섭게 몰아붙이는 몽골군 앞에 호라즘은 변변한 싸움 한번 못해 보고 무너졌습니다. 호라즘을

몽골의 영토 확장 몽골은 칭기즈칸의 지휘 아래 주변 나라를 빠르게 정복했습니다. 몽골과 금나라의 전쟁(야호령 전투, 1211년) 장면.

무너뜨린 몽골은 아시아 대륙 북부의 동쪽 끝에서 서쪽 끝에 이르는 드넓은 영토를 차지했습니다. 칭기즈칸은 다시 말을 돌려 중앙아시아에서 반란을 일으킨 서하를 공격하고, 더불어 남송과의 전쟁을 준비했습니다.

몽골은 아시아 대륙 서쪽으로 영토를 넓히면서 고려와는 한동안 평화 관계를 이어 갔습니다. 고려에서는 그사이 최충헌이 죽고 그 아들 최우가 권력을 이어받았습니다. 최우가 권력을 잡은 뒤 살얼음판 같던 고려와 몽골의 관계가 큰 위험에 빠졌습니다. 몽골 사신 저고여가 고려에 왔다가 돌아가던 길에 누군가에게 죽임을 당한 것입니다. 몽골 사신을 누가 죽였는지는 알 수 없습니다. 하지만 몽골은 고려 정부가 죽였다고 의심하여 평화 관계를 끊어 버렸습니다. 이제 몽골은 군대를 보내 고려를 무너뜨리려 할 게 분명했습니다.

그때 마침 서하를 공격하던 칭기즈칸이 병으로 죽고 말았습니다. 칭기즈칸을 잃은 몽골은 한동안 전쟁을 멈추었습니다. 몽골 내부에서는 넓은 영토를 누가 다스릴지를 놓고 한동안 다툼이 일었습니다. 다툼 끝에 칭기즈칸의 셋째 아들 오고타이가 황제[칸] 자리에 올랐습니다. 오고타이칸은 수도를 카라코룸으로 옮기고 제도를 정비했습니다. 나라를 안정시킨 오고타이칸은 칭기즈칸의 뜻을 이어 다시 전쟁에 나섰습니다.

오고타이칸은 먼저 군대를 보내 금나라의 남은 세력을 뿌리 뽑게 했습니다. 더불어 살리타이에게 군대를 이끌고 고려를 공격하도록 했습니다. 고려는 마침내 전쟁의 불길에 휩싸였습니다.

1231년 몽골군은 압록강을 건너 고려의 여러 성을 동시에 에워쌌습니다. 일부 군대는 곧장 개경으로 향했습니다. 고려 조정에서 군대를 보내 맞서게 했지만 몽골군의 상대가 되지 못했습니다. 개경은 순식간에 몽골군에 포위되었습니다. 몽골군의 기세에 눌린 고려 조정은 부랴부랴 화해를 요청했습니다. 몽골은 고려의 북쪽 고을 72곳에 다루가치를 두는 조건으로 고려의 요청을 받아들였습니다. 다루가치는 고려의 지방 수령과 같은 역할을 하는 몽골의 벼슬이었습니다. 고려의 북부 지역이 사실상 몽골의 영토가 된 것입니다. 고려와 몽골의 1차 전쟁은 몽골의 일방적인 승리로 끝났습니다.

이것으로 끝이 아니었습니다. 물러난 몽골군이 언제 다시 공격해 올지 몰랐습니다. 고려 조정은 빨리 대책을 세워야 했습니다. 최우를 비롯한 모든 벼슬아치들은 각자 의견을 내놓았습니다. 이들의 의견은 크게 세 가지로 나뉘었습니다.

첫째는 몽골에 항복하여 사대 관계를 맺자는 의견이었습니다. 몽골의 칸을 황제로 인정하고 신하 나라가 되자는 것이었습니다. 동아시아 국제 관계에서는 사대 관계를 맺는 것이 별 문제는 아니었습니다. 하지만 사대 관계를 맺으면 몽골에서 이전보다 더 많은 요구를 해 올 것입니다. 더욱이 사대 관계를 맺고 나면 몽골의 칸은 고려의 왕인 고종을 상대할 뿐 그 신하인 최우를 상대할 이유가 없었습니다. 그렇게 되면 최우는

왜 수도를 강화도로 옮겼을까

몽골군의 침입으로 개경이 포위당하는 일을 겪고 난 고려 조정은 강화도로 수도를 옮겨 갔습니다. 강화도는 배를 타야 들어갈 수 있습니다. 왕실과 신하들, 백성들까지 강화도로 옮겨 가는 게 쉬운 일은 아니었습니다. 또 왕이 살 궁궐도 지어야 하고, 관리들이 머물 건물도 있어야 하고, 백성들이 살 집도 만들어야 했습니다. 이처럼 힘겨운 과정을 무릅쓰고 왜 하필 강화도로 수도를 옮긴 것일까요?

강화도는 최우가 권력을 지키기에 가장 적당한 곳이었습니다. 몽골군은 대부분 말을 타고 싸우는 기마병이었습니다. 몽골군은 땅에서는 매우 빠르고 강하고 사나웠지만 바다에서 싸운 경험은 거의 없었습니다. 그러니 섬에서 버티면 공격을 하지 못할 것이 분명했습니다.

아예 육지와 좀 더 멀리 떨어진 섬으로 가면 더 안전했을지도 모릅니다. 몽골군이 배를 타고 쫓아오기 더 어렵게 말이죠. 하지만 최우는 육지에서 아주 멀리 떨어진 섬으로는 갈 수 없었습니다. 육지에서 가까운 섬이라야 백성들로부터 세금을 거두거나 군사를 모을 수 있기 때문이었습니다. 강화도는 한강과 임진강이 서해 바다로 들어가는 입구에 있어서 육지와 그리 멀지 않았습니다. 개경과 남경(한양)이 가깝기 때문에 세금도 쉽게 거둘 수 있고, 몽골군의 공격도 잘 막아 낼 수 있는 위치였습니다.

그렇다면 육지에 살고 있는 백성들은 어떻게 되었을까요? 개경 주변의 백성들은 강화도로 많이 옮겨 갔지만 나머지 지역에서는 그냥 그대로 살고 있었습니다. 만일 몽골군이 쳐들어오면 백성들은 어떻게 해야 할까요? 조정에서는 백성들에게 섬으로 도망가거나 산성으로 들어가 몽골군과 싸우라고 했습니다. 또 몽골군이 식량으로 사용하지 못하도록 먹을 것들을 모두 불태우거나 가지고 가라고 했습니다. 이 때문에 백성들은 아무런 방패막이도 없이 긴 전쟁의 아픔을 온몸으로 겪어야 했습니다.

강화도 고려 궁성 터 몽골군의 침입으로 고려는 1232년에 수도를 강화도로 옮겼습니다. 1270년에 고려 조정은 몽골의 요구에 따라 강화도 궁성을 모두 파괴하고 개경으로 돌아갔습니다. 현재는 조선시대에 세워진 외규장각 등 몇몇 유적만 남아 있습니다.

권력을 잃을 것이 틀림없었습니다. 때문에 최우는 이 의견을 받아들일 수 없었습니다.

둘째는 개경을 지키면서 끝까지 싸우자는 의견이었습니다. 당장 듣기에는 시원했지만 실제로는 거의 불가능한 주장이었습니다. 아시아와 유럽 대륙을 휩쓸고 있는 몽골군을 고려 군대가 막아 낼 가능성은 그리 많지 않았습니다.

셋째는 강화도로 수도를 옮기고 몽골군과 싸우자는 의견입니다. 고종과 많은 신하들이 반대했지만, 최우에게는 자신의 권력을 지킬 수 있는 가장 좋은 방법이었습니다.

최우는 고종과 신하들을 위협하여 강화도로 수도를 옮겨 갔습니다. 어찌나 급하게 옮겼던지 고려 왕실에서 가장 중요하게 여기던 석가모니의 이(치아)도 잃어버릴 지경이었습니다. 백성들은 도망가는 고려 조정과 최씨 정권을 원망하며 반란을 일으키기도 했습니다. 그래도 최우는 아랑곳하지 않았습니다. 몽골군이 곧 쳐들어온다는 소식이 들려 왔기 때문이었습니다.

계속되는 고려와 몽골의 전쟁

고려 조정이 수도를 강화도로 옮긴 1232년, 몽골군이 다시 고려를 공격했습니다. 고려와 몽골의 2차 전쟁이 시작된 것입니다. 1차 때와 마찬가지로 살리타이가 군대를 이끌고 왔습니다. 몽골군은 강화도로 가지 못하고 부대를 여럿으로 나누어 한반도 곳곳을 헤집고 다녔습니다. 멀리 충청도와 경상도까지 내려간 몽골군은 마구잡이로 백성을 죽이고 건물과 문화재를 불태웠습니다. 대구 부인사에서 보관되어 있던 초조대장경 목판도 이때 불에 타서 사라졌습니다.

살리타이가 이끄는 몽골 부대는 개경을 차지한 뒤 양광도(경기도) 광주로 향했습니다. 몽골군의 공격 소식이 들리자 광주 수령 이세화는 성문을 굳게 걸어 잠갔습니다. 그러고는 백성들과 함께 몽골군의 공격을 결사적으로 막아 냈습니다. 광주 백성들의 거센 저항에 주춤한 몽골군은 처인성(경기도 용인)으로 말머리를 돌렸습니다. 처인성에는 이렇다 할 군대도 지휘관도 없이 백성들만 남아 있었습니다. 승려 김윤후는 백성들을 이끌고 살리타이 군대와 맞서 싸웠습니다. 무기도 제대로 갖추지 못한 백성들과 몽골군의 싸움은 어떻게 끝났을까요?

놀랍게도 살리타이는 누군가가 쏜 화살에 맞아 죽고 말았습니다. 지휘관을 잃은 몽골군은 크게 당황하여 싸움을 멈추었습니다. 처인성 백성들이 몽골군을 물리친 것입니다. 몽골군은 흩어져 있던 부대를 모아 부랴부랴 몽골로 돌아갔습니다. 이렇게 해서 몽골과의 2차 전쟁이 막을 내렸습니다.

하지만 몽골군은 1235년에 다시 고려를 공격해 왔습니다. 당시 몽골은 남송과 전쟁을 준비하고 있었는데, 전쟁 중에 혹시 고려가 뒤에서 공격해 올까 봐 미리 싹을 자르려 한 것입니다. 이전보다 훨씬 규모를 키운 몽골군은 아예 작정을 한 듯 한반도 전체를 휩쓸었습니다. 경상도와 전라도까지 마음대로 휘젓고 다녔습

처인성 터 몽골과의 2차 전쟁 때 김윤후와 백성들은 처인성에서 몽골군을 막아 냈습니다. 이 과정에서 지휘관 살리타이가 죽자 몽골군은 몽골로 돌아갔습니다.

니다. 경주 황룡사와 황룡사 9층목탑도 이때 불탔습니다. 이번에 온 몽골군은 쉽사리 돌아가지 않고 5년 동안이나 고려의 이곳저곳을 들쑤시며 괴롭혔습니다.

이런 상황이 오랫동안 계속되자 견디다 못한 고종은 오고타이칸에게 서신을 보냈습니다. 군대를 되돌리면 이듬해부터 몽골에 물품을 바치겠다는 내용이었습니다. 최우도 이번만큼은 자기 뜻을 굽힐 수밖에 없습니다. 이에 오고타이칸은 고종이 직접 자신에게 와서 항복하고, 수도를 개경으로 옮기라고 요구했습니다. 고려 조정은 몽골의 요구를 받아들이겠노라 약속하는 수밖에 없었습니다. 몽골군은 그제야 비로소 전쟁을 끝내고 돌아갔습니다.

고려 조정은 다급한 마음에 몽골의 요구를 받아들였지만 이 약속을 곧이곧대로 지키기는 어려웠습니다. 고종이 몽골에 간다면 포로가 되거나 죽을 수도 있었고, 수도를 개경으로 옮겼다가 몽골군이 다시 쳐들어오면 무너질 것이 뻔하기 때

몽골과의 전쟁

고려와 몽골은 28년 동안(1231~59년) 수차례 전쟁을 치렀습니다. 이 시기에 고려는 온 나라가 큰 피해를 입었고, 수많은 백성들이 죽거나 포로로 끌려가기도 했습니다.

문이었습니다. 고려 조정은 일단 고종 대신 왕족 가운데 한 사람을 몽골에 보냈습니다. 하지만 몽골은 고종이 직접 와야 한다고 계속 다그쳤습니다.

그사이 몽골은 남송과 전쟁을 치르는 한편, 바투를 총대장으로 삼고 러시아를 공격하여 모스크바와 키예프를 차지한 뒤 동유럽 쪽으로 세력을 넓혀 갔습니다. 또 인도 북쪽의 벵골 지역까지 차지했습니다. 몽골은 인류 역사상 가장 넓은 영토를 지닌 대제국이 되어 가고 있었습니다.

오고타이칸이 죽고 세 번째 칸에 오른 큰아들 귀위크칸도 전쟁을 멈추지 않았습니다. 1247년, 한동안 잠잠하던 몽골군이 다시 고려에 쳐들어왔습니다. 몽골과의 4차 전쟁은 다행히 길지 않았습니다. 전쟁이 시작된 이듬해에 귀위크칸이 갑자기 죽어 몽골군이 곧 말을 돌린 것입니다.

칸이 죽으면 몽골군은 전쟁을 멈추고 수도인 카라코룸으로 돌아갔습니다. 여

카라코룸 몽골 초원의 카라코룸은 칭기즈칸 시기에 몽골의 수도로서 세계의 문물이 모이는 크고 화려한 도시였습니다. 이후 명나라군에 크게 파괴되고(1388년), 그 자리에 불교 사원이 세워지면서(1585년) 현재는 옛 모습을 찾아볼 수 없습니다.

몽골군은 왜 전쟁에서 항상 승리했을까

몽골은 인류 역사상 가장 넓은 대제국을 건설했습니다. 아시아 대륙 대부분을 차지했고, 서쪽으로는 동유럽과 아라비아반도 부근, 남쪽으로는 인도와 베트남의 북부 지역에까지 이르렀습니다. 몽골이 이토록 강했던 이유는 무엇일까요?

첫 번째 비밀은 몽골군이 타고 다닌 말에 있습니다. 몽골 말은 몸집이 작고 다리가 짧으며 털이 길어서 빠르지는 않지만 오래 달려도 지치지 않고 더위와 추위를 잘 견뎠습니다. 몽골군은 저마다 2~5마리의 말을 끌고 다니면서 갈아타는 방법으로 하루에 최대 160킬로미터 정도까지 이동할 수 있었습니다.

다음으로 먹는 음식입니다. 몽골군이 등장하기 전까지는 군대가 움직이면 식량을 실은 수레가 그 뒤를 따라다녔습니다. 군사의 수가 많고 움직이는 거리가 멀수록 더 많은 식량을 옮겨야 했습니다. 하지만 몽골군은 고기를 말려 만든 육포와 치즈처럼 만든 양젖을 말에 싣고 다녔습니다. 그것만으로도 몇 달 정도는 충분히 버틸 수 있었습니다. 또 몽골군의 뒤에는 유목민인 가족들이 양떼와 천막(게르)을 실은 말을 이끌고 속도를 맞추며 따라 다녔습니다. 이 때문에 몽골군은 식량 걱정 없이 빠르게 움직일 수 있었습니다.

마지막으로 몽골군은 다른 나라의 전쟁 무기와 기술을 자기 것으로 적극 받아들였습니다. 새로운 지식과 기술을 가르쳐 주는 사람이라면 종교와 국가를 따지지 않고 좋은 대우를 해 주었습니다. 덕분에 몽골군은 전쟁을 거듭할수록 투석기·폭탄·화약·대포 같은 새로운 무기와 다양한 전술을 사용할 수 있었습니다. 또 상대편 군사가 항복해 오면 곧장 받아들였습니다. 이 때문에 몽골군은 싸우면 싸울수록 강해지고 이기면 이길수록 그 숫자도 많아졌던 것입니다.

기에는 이유가 있었습니다. 칭기즈칸이 죽은 뒤, 몽골은 부족장 회의(쿠릴타이)에서 후계자 칸을 뽑았습니다. 칭기즈칸의 자손이라면 누구나 칸이 될 자격이 있었습니다. 이 때문에 칭기즈칸의 후손들은 칸 자리를 놓고 2~3년간 권력 다툼을 벌였습니다. 귀위크칸이 죽은 뒤에도 이런 다툼이 벌어졌습니다. 3년 동안의 다툼 끝에 몽케가 칸의 자리에 올랐습니다. 몽케는 칭기즈칸의 막내아들인 툴루이의 아들이었고 귀위크칸의 사촌 동생이었습니다.

그즈음 고려에서도 최고 권력자 최우가 죽고 그 아들 최항이 권력을 이어받았습니다. 최우에 반대하는 세력들도 있었지만 최항이 대를 이어 권력을 잡는 것을 막지는 못했습니다. 오랜 전쟁으로 큰 피해를 입은 탓에 아무도 최씨 정권과 겨룰 만한 힘이 없었던 까닭입니다. 더욱이 몽골군이 언제 또 쳐들어올지 모르는

고려와 몽골의 전쟁 과정

고려와 몽골 전쟁 시기 몽골군의 주요 침입 경로 몽골군은 수차례 고려를 침입해서 무자비하게 약탈했습니다.

형편에 굳이 최씨 정권을 무너뜨리고 권력을 잡으려는 사람도 없었습니다.

얼마 뒤 몽골과의 5차 전쟁이 다시 시작되었습니다. 이번에도 몽골은 고종에게 직접 와서 항복하고 수도를 개경으로 다시 옮기라고 요구했습니다. 몽골군은 춘주(강원도 춘천)을 거쳐 충주(충청북도 충주) 부근까지 이르렀습니다. 이때 충주성에서는 김윤후가 군대와 백성을 이끌고 있었습니다. 김윤후는 이번에도 충주성을 잘 지켜 냈습니다. 그러던 중 몽케칸이 몽골군을 불러들였습니다. 몽골군을 이끌던 대장이 마음에 들지 않아 바꾸려 한 것이었습니다.

이듬해인 1254년 몽골군이 새로운 대장의 지휘 아래 다시 쳐들어왔습니다. 몽골과의 6차 전쟁은 무려 6년 동안이나 계속되었습니다. 이때 고려 백성들이 입은 피해는 너무나 컸습니다. 6차 전쟁이 벌어진 해만 하더라도 수만 명이 죽고, 20만 명 넘게 포로가 되었습니다. 고려 땅 어디에도 몽골군 말발굽이 닿지 않은 곳이 없었습니다. 고려 북쪽 동계 지역은 사실상 몽골의 지배 아래 놓였고, 백성

을 돌보지 않는 고려 지배층에 실망해서 몽골군 편이 된 사람들도 많았습니다.

　몽골의 침입이 한창이던 1257년 최항이 죽고 그 아들 최의가 권력을 물려받았습니다. 하지만 최의가 권력을 잡았을 때 최씨 정권의 힘은 이미 기울 대로 기운 상태였습니다. 그런 가운데 나이 어린 최의가 권력을 물려받자 신하들 사이에서는 그를 없애려는 움직임이 일었습니다. 최씨 정권을 몰아내고 몽골에 항복해서 전쟁을 끝내려 한 것입니다.

　고려 조정의 분위기를 눈치챈 몽골군은 강화도와 가까운 서해안 지역을 주로 공격하기 시작했습니다. 고려 조정에는 하루가 멀다 하고 흉흉한 소문이 들려왔습니다. 몽골군이 강화도 주변 섬들을 차지했으며, 바다를 건너기 위해 배를 만들고 있다는 것이었습니다. 고려 조정은 더 이상 버틸 수 없었습니다. 고려 조정은 사신을 보내 몽골군이 물러나면 수도를 개경으로 옮기고, 고려의 태자가 왕을 대신해 몽골에 가겠다고 했습니다. 몽골도 고려와의 전쟁에 지쳤는지 이 조건을 받아들였습니다. 몽골군이 물러나자 태자는 몽골로 향했습니다. 이로써 1231년부터 1259년까지 28년 동안 계속된 몽골과의 전쟁이 막을 내렸습니다.

무신정권의 몰락과 삼별초

　고려와 몽골이 전쟁을 그만두고 서로 요구 조건을 주고받을 때였습니다. 최의가 갑작스러운 죽음을 맞았습니다. 김준과 임연 등이 삼별초를 이끌고 반란을 일으켜 최의를 죽인 것입니다. 최충헌 때부터 시작된 62년 동안의 최씨 권력은 이렇게 끝을 맺었습니다.

　최의를 죽인 김준과 임연 등은 벼슬도 높지 않았고, 그 부하 가운데는 최의의 노비였던 사람도 있었습니다. 그렇다 보니 최의를 죽인 뒤에도 이들이 쉽게 권력을 잡을 수는 없었습니다. 그래서 처음에는 왕에게 권력을 돌려주기 위해 최의를 죽였다고 주장했습니다. 이렇게 겉으로는 왕을 받드는 척하면서 뒤로는 교정도감을 이용하여 차츰 권력을 잡아 갔습니다.

최의가 죽고 얼마 지나지 않아 고종도 눈을 감았습니다. 고종은 46년간 왕위를 지키면서 4대에 걸친 최씨 정권의 횡포를 지켜봐야 했습니다. 단 하루도 왕으로서 제대로 된 권한을 펼쳐 보지 못한 셈이었습니다. 고종이 죽었으니 태자가 왕 자리를 이어받아야 하지만, 태자는 이미 몽골로 떠나고 없었습니다. 어쩔 수 없이 태자의 어린 아들이 임시로 왕 노릇을 하게 되었습니다. 김준과 임연은 그 틈을 노려 권력을 잡았습니다.

이때 몽골의 몽케칸도 남송과 전쟁을 치르다가 목숨을 잃었습니다. 그러자 몽골 수도 카라코룸에서는 몽케의 막냇동생 아리크부케가 쿠릴타이를 열어 칸이 되었습니다. 그런데 몽케와 함께 남송과 전쟁을 치르던 둘째 동생 쿠빌라이도 자신을 지지하는 부족장들을 모아 쿠릴타이를 열고 칸이 되었습니다. 칸이 두 명이 된 것입니다. 두 세력 사이에서 최고 권력 자리를 놓고 한바탕 싸움이 일어날 참이었습니다.

이처럼 팽팽한 긴장이 흐르던 때 고려 태자는 몽골로 가던 길에 쿠빌라이를 만났습니다. 고려 태자는 쿠빌라이를 칸으로 모시겠다고 말했습니다. 쿠빌라이는 매우 기뻐하며 이렇게 말했습니다.

"고려는 옛날 당나라 태종도 항복시키지 못한 나라이다. 지금 그 나라의 왕이 될 사람이 스스로 와서 나를 지지하니 이것은 하늘의 뜻이다."

이 일로 쿠빌라이는 고려 태자를 친구처럼 대했습니다. 그 후 쿠빌라이는 군대를 일으켜 아리크부케를 물리치고 정식으로 다섯 번째 칸이 되었습니다. 쿠빌라

신화와 전설을 기록한 역사책들

《삼국사기》는 신라, 고구려, 백제 세 나라의 역사를 기록한 책입니다. 때문에 삼국시대 이전의 역사는 기록되어 있지 않습니다. 또 유교를 공부한 학자들이 만들었기 때문에 신화나 전설 등은 기록되지 않았습니다.

이런 점을 불만스럽게 생각한 사람들이 《삼국사기》에 빠져 있는 신화와 전설을 기록해서 책으로 만들었습니다. 이규보의 《동명왕편》, 일연의 《삼국유사》, 이승휴의 《제왕운기》 등이 바로 그것입니다. 이들 책에 실린 신화와 전설은 고려가 신성한 나라라는 자부심을 심어 주었습니다.

이규보는 고려 고종 때 활동한 학자입니다. 그가 지은 《동명왕편》은 고구려 시조인 동명왕을 시 형식으로 노래한 것입니다. 이규보는 《삼국사기》 이전의 고려 역사책 《구삼국사》를 참고했다고 밝혔습니다. 《동명왕편》을 읽어 보면 지금은 전해지지 않는 《구삼국사》 내용이 어떠했는지 조금이나마 짐작할 수 있습니다.

일연은 고종 때부터 충렬왕 때까지 활동한 유명한 승려입니다. 《삼국유사》에는 고조선 시대부터 삼국시대까지 있었던 신기한 일이나 부처의 힘으로 어려움을 극복한 이야기 등이 실려 있습니다. 단군신화가 기록되어 있는 가장 오래된 책이기도 합니다. 일연은 몽골과의 전쟁으로 어려움과 고통을 겪고 있는 고려 백성들에게 희망과 자부심을 심어 주기 위해 《삼국유사》를 펴냈습니다.

이승휴는 충렬왕 때의 문신 관료입니다. 《제왕운기》는 두 권으로 되어 있는데 상권은 중국, 하권은 고려의 역사를 시 형식으로 풀어 놓았습니다. 《제왕운기》는 여러 왕들에 대해 기록하면서 고려가 중국과는 정치·문화·지리적으로 구별되는 독자적인 나라라고 강조하고 있습니다.

이는 몽골 초원의 카라코룸에서 대도(베이징)로 수도를 옮기고, 나라 이름을 '원'으로 바꾸었습니다.

고려 태자는 쿠빌라이를 만난 뒤 다시 고려로 돌아와 왕위에 올랐습니다. 바로 원종입니다. 원종은 무신들에게 휘둘리던 이전 왕들과 달랐습니다. 원나라의 쿠빌라이칸을 등에 업고 있었기 때문에 어느 정도는 권한을 가지고 있었습니다. 그래도 아직은 김준과 임연 같은 무신들을 무시할 수 없었습니다. 오랜 전쟁을 치른 터라 제대로 된 군대라고는 삼별초밖에 없었는데, 이 삼별초를 무신들이 거느리고 있기 때문이었습니다. 한동안 원종과 무신들은 팽팽하게 맞섰습니다.

원종은 개경으로 수도를 옮기려 했지만 무신들의 반대로 강화도에 머물러야 했습니다. 특히 교정별감이 된 김준은 최씨 무신 정권처럼 권력을 휘둘렀습니다. 이를 못마땅하게 생각한 원종은 임연에게 김준을 죽이게 했습니다. 김준이 죽고 나자 이번에는 임연이 다시 문제를 일으켰습니다. 임연은 내친김에 군사를 일으켜 원종의 동생을 왕위에 올렸습니다. 원종은 이름뿐인 상왕이 되었습니다.

이 소식을 들은 쿠빌라이칸(세조)은 크게 화를 냈습니다. 당장 원종을 왕 자리에 되돌려 놓으라며 군대를 보냈습니다. 임연은 어쩔 수 없이 원종을 다시 왕 자리로 되돌려 놓았습니다. 이듬해에 임연이 갑자기 병들어 죽고, 동생 임유무가 교정별감 자리를 이어 받았습니다. 하지만 임유무는 곧 원종이 보낸 사람에게 죽임을 당했습니다. 이로써 의종 때 무신의 난에서 시작되어 100년 동안 이어진 무신정권이 막을 내렸습니다.

원종은 무신 세력을 정리한 뒤 수도를 개경으로 옮겼습니다. 그러고는 삼별초 병사들에게 모두 칼을 놓고 집으로 돌아가라고 명령했습니다. 하지만 삼별초는 몽골에게 항복하는 게 싫었고, 삼별초가 누리던 권한도 잃고 싶지 않았습니다. 특히 몽골군에 포로로 잡혀갔다가 도망쳐 온 신의군 병사들은 몽골이라면 치를 떨었습니다.

결국 배중손이 이끄는 삼별초는 원종의 명령을 어기기로 결정했습니다. 삼별초는 왕족인 왕온을 왕으로 삼아 강화도를 차지했습니다. 삼별초의 반란 소식을 들은 원종은 김방경 장군을 보내 삼별초를 공격하게 했습니다. 그러자 삼별초는 전라도 진도로 옮겨 갔습니다.

삼별초는 진도에 근거지를 두고 주변의 여러 섬을 자신들 것으로 만들었습니다. 얼마 지나지 않아 남해안의 많은 섬들과 탐라도(제주도)까지 삼별초 차지가 되었습니다. 삼별초가 진도를 근거지로 삼은 데는 이유가 있습니다. 고려시대에는 경상도와 전라도 지역에서 거둔 세금을 바닷길로 운반했습니다. 진도는 남해를 돌아 서해로 올라가는 바닷길 길목에 자리하고 있었습니다. 세금을 실은 배가 진도를 지날 때 삼별초는 그 배를 공격해서 세금을 빼앗았습니다. 또 진도는 바

진도 남도석성 삼별초군은 진도를 근거지로 삼고 고려-몽골 연합군에 맞서 싸웠습니다. 삼별초를 이끌던 배중손이 남도석성에서 마지막 싸움을 벌이다 죽음을 맞이했다고 전해집니다.

다에 약한 몽골군을 막아내기에도 좋았습니다.

삼별초는 왕온을 황제로 모시고 몽골과 끝까지 싸울 것이라고 목소리를 높였습니다. 그러자 남해안의 여러 섬과 육지의 몇몇 고을 백성들이 삼별초 세력에 합류했습니다. 삼별초가 남해안 일대에서 기세를 떨치자 원종은 김방경이 이끄는 고려군과 몽골군을 보내 진도를 공격하게 했습니다. 삼별초는 처음 몇 번은 잘 버텨 냈지만 오래가지 못했습니다. 1271년, 고려와 몽골의 군대가 진도를 거세게 공격하자 삼별초는 마침내 무너지고 말았습니다. 배중손과 왕온도 모두 이 싸움에서 죽음을 맞았습니다.

김통정은 얼마 남지 않은 삼별초를 이끌고 진도를 빠져나와 탐라도로 도망쳤습니다. 그러자 고려 조정은 다시 김방경에게 군대를 이끌고 탐라도를 공격하게 했습니다. 고려와 몽골 연합군의 공격에 삼별초는 완전히 무너졌습니다. 김통정은 스스로 목숨을 끊었고 나머지 사람들은 모두 죽거나 포로가 되었습니다. 삼별초의 반란은 3년 만에 막을 내렸고, 이제 고려 땅에 몽골과 힘으로 싸우려는 세력은 사라졌습니다. 기나긴 몽골과의 싸움도 끝이 난 것입니다. 탐라도는 삼별초의 난 이후 몽골이 직접 다스리다가 충렬왕 때 되돌려 받았습니다. 이때 충렬왕은 탐라도를 '제주도'로 고쳐 부르게 했습니다.

원나라의 간섭

칭기즈칸은 거대한 몽골 영토를 네 개 나라로 나누어 후손들에게 다스리게 했습니다. 칭기즈칸의 자리를 이어받은 오고타이칸(대칸)은 중국과 몽골 초원을 아우르는 가장 넓고 중심이 되는 나라를 다스렸습니다. 이 나라는 대칸이 대대로 물려받았습니다. 큰아들 주치는 러시아 서쪽 지역의 킵차크한국을, 둘째 아들 차카타이는 중앙아시아 지역의 차카타이한국을, 손자 훌라구는 서남아시아 지역의 일한국을 다스렸습니다.

세 나라는 대칸보다 한 단계 낮은 칸이 대를 이어 영토를 키우고 나라를 다스렸습니다. 여기서 '한국'은 '칸국', 즉 칸이 다스리는 나라라는 뜻입니다. 훗날 쿠빌라이 대칸은 자신이 직접 다스리는 나라 이름을 '원'으로 바꾸었습니다. 이때도

13세기 말 몽골(원)의 영토 몽골은 역사상 가장 넓은 영토를 지닌 대제국을 건설했으며, 이 영토를 크게 네 개로 나누어 다스렸습니다.

킵차크한국·차카타이한국·일한국은 원나라 황제를 대칸으로 모시면서 저마다 독립적으로 나라를 다스렸습니다.

이렇게 몽골은 자신들이 정복한 넓은 땅을 여럿으로 나누어 직접 다스렸지만 고려만은 직접 다스리지 않고 독립된 나라로 인정했습니다. 고려가 이렇게 특별한 대우를 받은 데는 그만한 이유가 있었습니다. 고려는 몽골군과 오랫동안 싸워 냈으며, 항복을 할 때도 스스로 몽골에 찾아가 자존심을 지키려 했습니다. 세조(쿠빌라이)는 그런 고려를 오히려 높이 평가했습니다. 또 자신이 대칸 자리를 놓고 다툴 때 고려 태자(원종)가 자기편이 되어 준 사실도 잊지 않았습니다. 덕분에 고려는 독립을 지킬 수 있었습니다.

나아가 원종은 고려의 독립을 이어가기 위해 꾀를 내었습니다. 왕위를 이을 큰아들을 원나라로 보내 세조의 딸인 제국대장공주와 결혼시킨 것입니다. 이들이 결혼한 바로 다음 달에 원종이 죽자 큰아들은 고려로 돌아와 왕위에 앉았습니다. 바로 충렬왕입니다. 원나라 황제의 사위가 된 충렬왕은 권한이 매우 커졌습니다. 이제 고려에서 충렬왕에 맞설 만한 세력은 없었습니다. 뿐만 아니라 원나라에서도 황제의 가족으로 대우받았습니다.

원종~공양왕 가계도

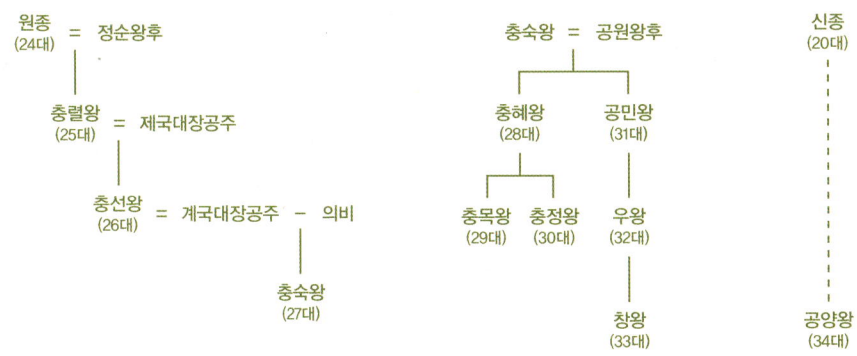

고려-몽골 연합군과 일본의 전쟁 일본 입장에서 당시 전쟁을 묘사한 〈몽고습래회사〉(부분).

　그렇다고 해도 고려가 원나라의 간섭에서 완전히 벗어날 수는 없었습니다. 충렬왕이 왕이 되던 해에 원나라 세조는 바다 건너 일본을 공격하고자 했습니다. 세조는 군대를 고려로 보내면서, 고려 조정에 군사와 식량과 배를 요구했습니다. 고려는 원나라의 요구에 따라 배를 준비하고 군대도 보내야 했습니다. 원나라 군사는 2만5천여 명, 고려의 군사는 8천여 명이었습니다. 이 많은 군사를 실어 가기 위해 고려는 배 900척을 만들었습니다. 뱃사공 6천7백여 명도 모두 고려 사람들이었습니다. 고려와 원나라 연합군은 바다를 건너 규슈 섬에 다다랐습니다. 연합군이 일본 군대와 전투를 막 시작하려던 때 갑자기 큰 태풍이 불어 닥쳤습니다. 태풍은 연합군의 배 200여 척을 바다 밑으로 가라앉혔습니다. 큰 피해를 입은 연합군은 제대로 싸워 보지도 못한 채 돌아와야 했습니다. 일본 사람들은 이 태풍을 '가미카제', 곧 '신이 일으킨 바람'이라고 불렀습니다.

　몇 해 뒤 원나라는 남송을 완전히 멸망시킨 다음 다시 일본으로 눈을 돌렸습니다. 1280년 원나라 세조는 고려에 정동행중서성(정동행성)이라는 관청을 세우고,

충렬왕에게 일본을 공격하기 위한 준비를 맡겼습니다. 이듬해에 원나라 군사 3만여 명과 고려 군사 1만여 명이 다시 900척 배에 나누어 타고 일본으로 향했습니다. 물론 뱃사공 1만5천여 명은 모두 고려 사람들이었습니다. 동시에 중국의 양자강 남쪽에서도 군사 10만 명이 배 3천5백 척에 나누어 타고 일본을 향해 출발했습니다. 고려와 원나라 연합군은 바다를 건너 일본 규슈에 도착했습니다. 하지만 때마침 또다시 태풍이 불어 배를 뒤집어 버렸습니다. 당황한 연합군은 일본 군대에 별다른 저항도 못해 보고 패배했습니다. 원나라와 고려 군사 10만여 명이 이 싸움에서 목숨을 잃었습니다. 큰 패배를 맛본 원나라는 세 번째 전쟁을 준비했지만 다시 군대를 보내지는 못했습니다.

　원나라의 일본 공격은 중지되었지만 정동행성은 그대로 유지되었습니다. 원나라는 정동행성에 원나라 관리를 두어 고려와 연락을 담당하게 하고 고려에 더 깊이 간섭했습니다.

　원나라는 고려의 제도를 원나라 식으로 바꾸게 했습니다. 고려는 원나라의 요구에 따라 2성 6부제를 1부 4사제로 바꾸었습니다. 즉 2성(중서문하성과 상서성)이 합쳐져 첨의부가 되었고, 6부 가운데 이부와 예부는 전리사로 합쳐지고, 호부는 판도사, 형부는 전법사로 바뀌었으며, 공부는 아예 없어졌습니다. 1부 4사제는 공민왕 때 2성 6부제로 되돌려집니다.

　또 원나라는 고려에 많은 물건을 바치라고 요구했습니다. 고려 정부는 금·은·동·철 같은 광물, 매·말 같은 동물, 화문석 같은 특산물을 거둬들여 원나라로 보내야 했습니다. 이처럼 신하 나라(고려)가 황제 나라(원)에 바치는 물품을 '공물'이라고 합니다.

　이 시기에 많은 고려 여성들은 공녀로 원나라에 끌려갔습니다. 공녀들은 노비, 기녀(춤을 추고 노래하는 여성), 궁궐 시녀가 되거나 원나라 남자와 결혼해야

원나라의 사위가 된 왕을 뜻하는 글자 '충'

고종의 아들은 원종이고, 원종의 아들은 충렬왕, 충렬왕의 아들은 충선왕입니다. 왕을 부르는 이름이 바뀐 것을 눈치챘나요? 'ㅇ조' 'ㅇ종'에서 'ㅇㅇ왕'으로 바뀌었죠? 왕이 살아 있을 때 신하들은 왕을 '왕' '성상' '상' '주상' 등으로 불렀습니다. 왕이 죽은 뒤에는 왕실의 사당인 종묘에서 제사지내면서 'ㅇ조' 'ㅇ종' 'ㅇㅇ왕' 등으로 이름을 지어 올렸습니다. 이처럼 왕이 죽은 뒤에 부르는 이름을 '사당에서 부르는 이름', 곧 '묘호'라고 합니다.

본래 'ㅇ조' 'ㅇ종'은 황제에게 주어지는 묘호입니다. 고려는 스스로를 황제 나라로 여겼기 때문에 'ㅇ조' 'ㅇ종'이라는 시호를 붙였습니다. 또 왕위를 이어 받을 왕자를 '태자'라고 불렀습니다. 하지만 충렬왕 때부터 고려는 원나라 황제의 명령을 받는 신하 나라(제후국)가 되었기 때문에 모든 이름을 한 단계 낮추어야 했습니다. 예를 들면 왕이 자기 자신을 일컬을 때 '짐'이 아니라 '고'라고 하고, 태자는 '세자'로 고쳐 불렀습니다. 왕의 묘호도 마찬가지였습니다. 왕이 죽으면 'ㅇ조' 'ㅇ종'이라는 묘호를 따로 짓지 않고 원나라에서 내려 준 '충ㅇ왕'이라는 시호를 묘호로 삼았습니다.

고려는 원종 때부터 원나라의 제후국이 되었는데 원종은 왜 '원종'이라는 묘호를 썼을까요? 원나라는 원종이 죽고 나서 한참 뒤인 충선왕 때에 가서야 '충경왕'이라는 시호를 내렸습니다. 이때는 이미 충렬왕과 신하들이 원종을 종묘에 모시고 묘호를 올린 뒤였습니다. 이 때문에 그냥 원종이라는 묘호를 쓰게 된 것입니다.

고려 왕들은 충렬왕부터 공민왕까지 원나라에서 시호를 받았습니다. 우왕과 창왕은 조선 왕조를 세우게 되는 이성계가 권력을 잡은 뒤에 죽었고, 고려 왕씨가 아니라 신돈의 핏줄이라고 여겼기 때문에 시호나 묘호가 없었습니다. 다만 현대에 와서 이름 뒤에 '왕'이라는 호칭을 붙여 주었을 뿐입니다. 또 고려의 마지막 왕인 공양왕은 '공양군'으로 불리다가 조선 태종 때 비로소 '공양왕'이라는 시호를 받았습니다.

〈수월관음도〉 수월관음은 불교에서 재난과 질병을 막아 주는 보살로 알려져 있습니다. 고려시대에는 〈수월관음도〉가 많이 그려졌으며 원나라에 조공으로 바쳐지기도 했습니다. 〈수월관음도〉는 현재 40여 점이 남아 있습니다. 일본 규슈 가가미신사 소장 〈수월관음도〉.

했습니다. 원나라 순제의 부인 기황후도 고려의 공녀였습니다.

원나라의 간섭 아래서 충렬왕은 그 나름의 강력한 왕권을 바탕으로 고려를 다스렸습니다. 충렬왕은 도병마사를 도평의사사로 고치고, 높은 관료들이 여기에 모여 중요한 나랏일을 의논하게 했습니다. 그리고 도평의사사에서 의견을 내오면 자신이 마지막으로 결정을 내렸습니다.

충렬왕은 세자를 원나라 세조의 큰손자의 딸인 계국대장공주와 결혼시켰습니다. 그런데 이들이 결혼한 후 얼마 지나지 않아 세자의 어머니인 충렬왕비(제국대장공주)가 갑자기 죽었습니다. 세자는 사람들이 충렬왕과 어머니 사이를 이간질해서 어머니가 병들어 죽은 것이라고 생각했습니다. 고려로 돌아온 세자는 크게 분노하여 의심되는 사람들을 모조리 잡아 죽였습니다. 모두 충렬왕이 아끼던 사람들이었습니다. 충렬왕은 세자가 이렇게까지 행동할 수 있는 까닭은 원나라 황제 성종이 자신보다 세자를 더 좋아하기 때문이라고 여겼습니다. 속이 상한 충렬왕은 곧 세자에게 왕 자리를 물려주었습니다. 이 왕이 충선왕입니다.

왕위에 오른 충선왕은 부인인 계국대장공주보다 고려 여인을 더 사랑하고 있었습니다. 마음이 상한 왕비는 원나라의 어머니에게 편지를 보내 하소연했습니다. 그러자 성종은 충선왕을 원나라로 불러들이고 충렬왕을 다시 왕위에 앉혔습니다. 원나라에 불려 간 충선왕은 친한 친구인 무종이 성종의 뒤를 이어 황제가 되자 심양(요동) 지역의 왕에 임명되었습니다.

얼마 뒤 충렬왕이 죽자 무종은 다시 충선왕을 고려의 왕으로 임명했습니다. 그런데 충선왕은 고려로 와서 왕 자리에 오른 다음 다시 원나라로 돌아가 버렸습니다. 그리고 가끔 편지를 보내 나랏일을 지시할 뿐이었습니다.

경천사지 10층석탑 충목왕 때 개경 부소산 경천사에 세워진 탑. 원나라 불교의 영향을 받아 여느 고려 석탑과 다른 양식을 띠고 있습니다. 현재 국립중앙박물관 보존.

왕이 자리를 지키지 않으니 왕실과 조정이 잘 돌아갈 리 없었습니다. 충선왕의 뒤를 이은 충숙왕, 충혜왕, 충목왕, 충정왕도 정치에는 별다른 관심이 없었고 몇몇은 어린 나이에 왕위에 올랐다가 일찍 죽곤 했습니다. 그 틈을 타서 원나라와 특별한 관계를 맺으며 힘을 키운 세력이 등장했습니다. 바로 권문세족입니다.

인물과 사건

두 개의 왕위에 오른 충선왕

충선왕이 고려 왕 자리를 아버지 충렬왕에게 돌려주고 원나라로 갔을 때 일입니다. 충선왕은 원나라 황족 카이산, 아유르바르바드 형제와 매우 친하게 지냈습니다. 얼마 후 원나라에서는 성종이 자식 없이 죽자 황제 자리를 놓고 다툼이 벌어졌습니다. 이때 충선왕은 카이산 형제 편에 섰고, 결국 카이산이 황제 자리에 올랐습니다. 원나라 무종입니다.

> 어려서부터 몽골 문화에 익숙했어.

무종은 황제가 되자 충선왕을 요동반도 일대를 다스리는 심양왕(심왕)으로 임명했습니다. 얼마 뒤 충렬왕이 죽자 충선왕은 심양왕이면서 동시에 고려 왕이 되었습니다. 원나라에는 황제의 아들이나 동생을 모두 왕 자리에 임명하여 수많은 왕이 있었습니다. 그렇더라도 왕위를 두 개씩이나 가진 사람은 매우 드물었습니다.

충렬왕이 죽자 충선왕은 고려로 돌아와 다시 왕위에 오른 뒤 얼마 지나지 않아 원나라로 가 버렸습니다. 그러고는 원나라에 머물면서 편지를 보내 이래라 저래라 지시할 뿐이었습니다. 그사이 원나라는 황제가 또 바뀌었습니다. 무종이 죽고 동생 아유르바르바드가 황제가 되었는데, 바로 인종입니다. 인종은 충선왕에게 그만 고려로 돌아가라고 권했지만 충선왕은 고려로 돌아가지 않고 버텼습니다.

> 골치 아픈 고려 왕 노릇은 그만할래.

충선왕은 몽골 말을 잘했습니다. 왕위가 두 개나 되니 원나라 황실 안에서도 지위가 아주 높았습니다. 더욱이 원나라 황제와도 아주 친한 사이였습니다. 그러니 골치 아픈 왕 노릇을 하기보다는 웅장하고 화려한 원나라 수도인 대도에서 편하게 살고 싶었을 법도 합니다. 그래도 한 나라의 왕으로서는 매우 무책임한 행동이었습니다.

고려로 돌아가고 싶지 않았던 충선왕은 또 한 번 희한한 일을 벌였습니다. 고려 왕 자리는 아들 충숙왕에게 물려주고 심양왕 자리는 조카 왕고에게 물려준 것입니다. 이 일은 훗날 고려에 큰 문젯거리가 되었습니다. 심양왕 왕고와 후손들은 고려 왕 자리까지 넘봤으며 결국 고려 왕권을 크게 약화시켰습니다.

왕위를 내려놓은 충선왕은 만권당을 지어 많은 책을 사들이고 학자들을 모아 학문을 연구하게 했습니다. 고려에서도 이제현 같은 유명한 학자를 불러 함께 공부하게 했습니다. 이제현은 여기에서 학문을 익힌 뒤 고려에 돌아와 많은 제자를 키워 고려의 유교를 발전시키는 데 큰 역할을 하였습니다.

원나라 인종이 죽고 그 아들 영종이 황제가 되자 상황이 변하였습니다. 영종은 충선왕이 혹시 무종의 아들을 황제 자리에 올리려고 반란을 일으킬까 봐 충선왕을 티베트로 유배 보냈습니다. 얼마 뒤 영종은 다른 세력에게 죽임을 당하고, 충선왕의 부인 계국대장공주의 남동생이 황제(진종) 자리에 올랐습니다. 덕분에 충선왕은 유배에서 풀려났지만 곧 숨을 거두었습니다. 그는 죽고 나서야 고려로 돌아와 묻혔습니다.

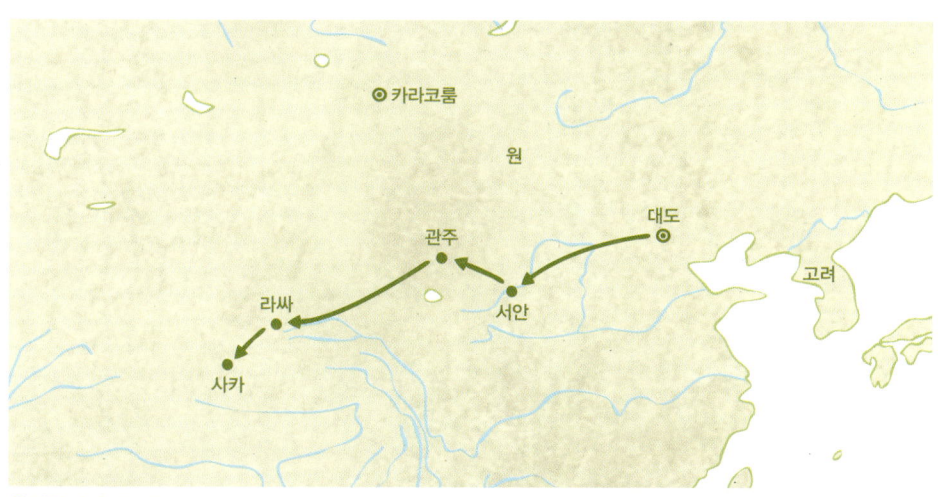

충선왕의 유배 길

유물로 보는 역사

팔만대장경

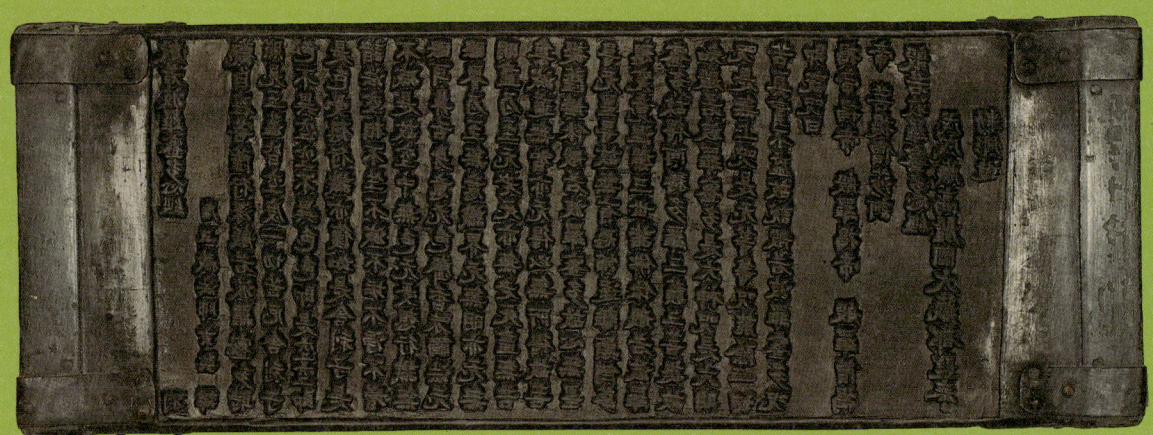

팔만대장경 목판

석가모니는 제자들이 문자에 얽매일까 봐 자기 말을 문자로 기록하지 못하게 했습니다. 이 가르침에 따라 제자들은 석가모니의 말씀을 암송으로만 전했습니다. 하지만 몇 세대가 흐르면서 기억도 희미해지고 저마다 내용을 다르게 암송하기도 했습니다. 기원전 3세기에, 제자들은 오랜 논쟁을 거쳐 부처님 말씀을 문자로 기록하여 책(불경)으로 남겼습니다. 이 불경과, 불경을 해설한 책을 모두 합쳐 만든 것이 대장경입니다. 대장경이란 '석가모니의 말씀을 기록한 경전 모음'이라는 뜻입니다.

인도에서 시작된 불교는 스리랑카, 버마, 태국 등 동남아시아로 빠르게 퍼져 갔으며 티베트를 거쳐 중국, 한반도, 일본까지 전해졌습니다. 이 과정에서 각 나라 언어로 번역되고, 또 저마다 새로운 해석을 덧붙인 경전이 쏟아져 나왔습니다. 당나라 승려 지승이 가려 낸 대장경 목록에 따르면 이런 경전은 1천여 종, 5천여 권이나 되었습니다. 송나라 태조는 이 대장경을 모두 목판에 새겨서 인쇄하도록 했습니다. 이로써 내용이 똑같은 대장경을 한꺼번에 많이 펴낼 수 있었습니다.

고려에서도 두 번에 걸쳐 목판 대장경을 만들었습니다. 첫 번째는 거란이 침입했을 때였습니다. 고려 조정은 대장경을 목판에 새겼습니다. 이렇게 정성을 들여 부처님에게 빌면 소원을 들어줄 거라고 믿었을 것입니다. 불경을 목판에 새기는 작업은 수십 년에 걸쳐 진행되었습니다. 고려에서 처음 만들어진 이 대장경을 '초조대장경'이라고 합니다. 초조대장경은 대구 부인사에 보관되어 있다가 몽골군의 침입 때 모두 불탔습니다.

몽골과 전쟁을 치르면서 고려 조정은 다시 한 번 대장경을 목판에 새기기 시작했습니다. 목판 제작은 16년이나 걸려 완성되었습니다. 이때 만들어진 대장경 목판이 모두 8만여 개나 되기 때문에 '팔만대장경'이라고 부릅니다. 팔만대장경은 중국, 거란, 여진, 일본의 불교 경전까지 두루 모아 새겼습니다. 이보다 앞서 만들어진 대장경 목판이 대부분 없어진 탓에 팔만대장경은 가장 완전한 형태로 남아 있는 대장경 목판입니다. 목판에 새겨진 수천만 개 글씨는 한 글자 한 글자 새김이 고르고 정교하며, 잘못된 글자도 거의 찾아볼 수 없습니다. 이처럼 팔만대장경은 불교를 연구하는 데 아주 중요한 역사 자료이자 고려 장인들의 솜씨를 엿볼 수 있는 문화 유물입니다.

팔만대장경 목판은 강화도에 보관되다가 조선 왕조 때 경상남도 합천 해인사로 옮겨졌습니다. 이 때문에 해인사는 '법보 사찰'로 불리고 있습니다.

팔만대장경 목판을 보관하고 있는 해인사의 장경각 건물은 온도와 습도가 적당히 유지되도록 지어졌습니다. 덕분에 팔만대장경 목판은 오늘날까지 뒤틀리거나 벌레 먹은 구멍 하나 없이 잘 보존되고 있습니다.

해인사 장경각 내부 모습

1368년
주원장, 명나라 건국

1392년
이성계, 조선 건국

1351년
공민왕, 왕위에 오름

1388년
위화도 회군

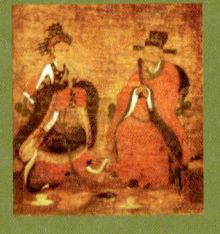

공민왕의 개혁과 고려의 멸망

무신정권, 몽골과의 전쟁, 원나라의 간섭을 거치면서 고려 사회는 크게 변해 갔습니다. 권문세족이 고려의 지배층이 되었고, 이들의 횡포로 백성들의 삶은 더욱 어려워졌습니다. 나라 밖의 사정도 고려를 더욱 어렵게 만들었습니다. 원나라가 약해지자 반란을 일으킨 홍건적과 일본에서 건너온 왜구들은 고려를 끊임없이 괴롭혔습니다. 공민왕은 나라 안팎의 어려움을 이겨 내기 위해 노력했지만 쉽지 않은 일이었습니다.

이 시기에 고려에는 새로운 세력이 등장했습니다. 바로 신진사대부였습니다. 신진사대부들은 원나라에서 들여온 성리학을 공부하고, 과거를 치러서 관료가 되었습니다. 이들은 성리학의 민본주의를 중요한 정치 원리로 삼았으며, 권문세족과 맞서 정치를 개혁하려 했습니다. 신진사대부 중에서는 고려 왕조에서 더 이상 희망을 찾지 못하고 새로운 나라를 세우려는 이들도 생겨났습니다.

권문세족의 횡포

무신의 난이 일어나기 전에는 문벌귀족이 고려의 지배층을 이루었습니다. 이들은 원래 호족이었다가 고려의 벼슬을 받아 귀족이 된 사람들이었습니다. 주로 문신들이었고 비슷한 집안끼리 결혼하면서 대대로 좋은 벼슬을 차지했습니다. 이들은 무신의 난으로 많이 죽고 권력도 잃었습니다.

무신정권이 끝나고 권력은 다시 왕에게 집중되었습니다. 하지만 원나라의 간섭이 이어지면서 고려 왕들은 원나라에 자주 다녀와야 했고 충선왕처럼 아예 원나라에 눌러사는 경우도 있었습니다. 왕이 자주 자리를 비우자 몇몇 관료들이 다시 힘을 키우기 시작했으며 도평의사사에서 자기들끼리 중요한 나랏일을 결정했습니다. 이처럼 새롭게 고려를 지배한 세력을 '권문세족'이라고 합니다.

권문세족은 문벌귀족과 마찬가지로 귀족이었습니다. 이들은 대대로 높은 벼슬을 차지했고 많은 땅과 노비를 가지고 있었습니다. 또 과거제도보다는 음서제도를 통해 벼슬을 차지했으며, 결혼도 비슷한 집안끼리 하는 경우가 많았습니다. 이처럼 권문세족과 문벌귀족은 서로 닮은 점이 많았습니다.

하지만 서로 다른 점도 있었습니다. 권문세족은 여러 세력이 오랜 세월에 걸쳐 이룬 세력입니다. 그 첫 번째는 원래 문벌귀족이었던 사람들입니다. 문벌귀족은 무신정권 시기에 대부분 죽거나 쫓겨났습니다. 하지만 무신들과 사이가 좋았던 몇몇 문벌귀족은 무신들을 도우면서 살아남기도 했습니다. 이렇게 살아남은 문벌귀족은 무신정권이 무너지자 다시 힘을 얻어 권문세족이 되었습니다.

두 번째는 무신정권 때 무신들을 도우며 벼슬을 차지했던 문신들입니다. 이들 가운데 일부는 무신정권 시기와 몽골과 전쟁을 치르던 시기에 중요한 역할을 했습니다. 이들은 무신들이 권력을 잃자 힘을 키워 권문세족이 되었습니다.

세 번째는 원나라와의 관계를 이용하여 좋은 벼슬을 차지한 사람들입니다. 예를 들어 몽골 사람들은 매를 길들여 동물을 사냥하는 것을 좋아했습니다. 몽골에서는 고려의 사냥용 매(해동청)가 가장 좋은 매로 알려져 큰 인기를 끌었습니다. 몽골은 고려에 많은 매를 요구했고, 고려는 '응방'이라는 관청을 따로 만들어 새끼 매를 길들였습니다. 응방 관리들은 원나라 황족이나 귀족들과 친밀한 관계를 맺으며 고려 조정에서 중요한 자리를 차지했습니다.

또 고려의 여성이 원나라 황족이나 귀족들과 결혼하게 되면 고려에 있는 여성의 부모나 형제들도 지위가 크게 높아졌습니다. 원나라 순제의 황후였던 기황후가 대표적인 경우입니다. 기황후의 오빠인 기철은 고려에서 왕보다 더한 권력을 누렸습니다. 이 밖에 원나라와 고려 사이에서 통역을 맡은 역관, 원나라의 환관이 된 고려 사람들의 친척 가운데에서도 권문세족이 등장했습니다.

이처럼 권문세족은 다양한 방법으로 힘을 키우고 세력을 이룬 이들이었습니다. 권문세족은 중요한 나랏일을 자기들끼리 결정했으며, 백성의 땅을

〈원세조출렵도〉 원나라 세조가 매사냥을 하는 모습.
원나라에서는 고려에서 기른 매가 큰 인기를 끌었습니다.

빼앗거나 가난한 백성을 노비로 만들어 버렸습니다. 왕은 원나라에 가 있을 때가 많아 권문세족이 저지르는 나쁜 짓을 잘 알지 못했습니다. 왕이 권문세족의 나쁜 짓을 알고 벌을 주려고 해도 자기들끼리 감싸 주어 넘어가곤 했습니다. 권문세족들 때문에 백성들의 생활은 더더욱 힘겨워졌습니다. 《고려사》는 이때 일을 아래와 같이 기록하고 있습니다.

> 고려 말에 고려 왕실이 덕을 잃어 백성의 수를 기록한 호적과 땅이 누구 것인지 기록한 토지 대장이 제대로 갖추어지지 않고 백성은 모두 부유한 사람들의 노비가 되었다. 나라의 토지 제도였던 전시과는 없어지고 모두 개인 땅이 되었다. 권력 있는 사람들은 매우 많은 땅을 차지하여 산과 강으로 표시할 정도였다. 나라에서 거두어야 할 세금을 이들이 거두어 갔는데 1년에 두 번, 세 번을 거두어 가기도 했다. 예로부터 내려오던 법은 다 무너졌고 나라도 곧 망하게 되었다.

여기에 나오는 '부유한 사람' '권력 있는 사람들'이 곧 권문세족입니다. 권문세족은 전시과제도까지 무시하고 막무가내로 백성들의 땅을 빼앗아 버렸습니다.

권문세족

고려 초 문벌귀족 세력 / 무신정권 기간 문신 세력 / 몽골과의 전쟁에서 공을 세운 세력 / 원나라와 교류하면서 힘을 키운 세력

권문세족은 원나라 간섭 시기에 고려의 지배층으로 자리 잡았어.

이 산부터 저 산, 이 강부터 저 강 사이에 있는 땅은 모두 권문세족 누구의 땅이라고 표시할 정도였습니다. 조금 과장되었겠지만, 권문세족은 그만큼 넓은 땅을 소유했습니다. 이들은 나라에서 거두어야 할 세금도 자신들이 직접 거두어 갔습니다. 그것도 1년에 한 번만 거두는 것이 아니라 두 번, 세 번씩 거두어 갔습니다. 전쟁이 끝난 지도 얼마 되지 않았고, 원나라에 바칠 공물까지 마련하느라 힘겨웠던 백성들의 삶은 권문세족의 횡포 때문에 더욱 비참해졌습니다. 나라 곳곳에서 백성들의 원망이 들끓었습니다. 고려 왕실과 조정의 재정도 바닥이 드러났습니다. 이렇게 고려는 큰 위기를 맞고 있었습니다.

신진사대부의 등장

권문세족이 한창 기승을 부리고 있을 때 고려 조정에는 과거 시험에 합격해서 벼슬자리에 오른 문신들이 차츰 세력을 이루어 가고 있었습니다. 아직은 소수였지만 이들은 권문세족과 맞서며 또렷하게 자기 목소리를 냈습니다. 이들은 유교의 가르침대로 백성을 보살피고 나라를 제대로 다스려야 한다고 주장했습니다. 이들을 '신진사대부'라고 합니다.

신진사대부는 원나라에서 들여온 성리학을 공부한 학자들입니다. 성리학은 '인간과 자연의 본성과 이치를 연구하는 학문'이라는 뜻입니다. 성리학은 오래전부터 내려오던 유교에 철학적인 틀을 갖추고 다듬어서 한 단계 더 발전시킨 학문이었습니다. 성리학은 북송 때 처음 그 기틀을 마련하기 시작해 남송 때 학자 주희가 완성했습니다. 원나라는 송나라를 멸망시킨 뒤 성리학을 적극 받아들였습니다. 성리학으로 과거 시험을 보고, 국가 체계도 그에 걸맞게 고쳤습니다.

원나라와 활발히 교류하던 고려도 자연스레 성리학을 받아들였습니다. 안향·백이정·이제현 등 많은 학자들이 원나라에서 성리학을 공부하고, 성리학에 관한 책들을 들여왔습니다. 고려 조정에서도 성리학을 바탕으로 삼아 과거 시험을 치렀습니다.

성리학을 배워 과거에 합격한 사람들 가운데는 권문세족 출신도 있었지만 향리 출신도 많았습니다. 향리는 지방에서 어느 정도 영향력을 가졌지만 빠르게 힘을 잃어 가고 있었습니다. 이들이 살아남으려면 중앙 정부의 관료가 되어야 했고 그러기 위해서는 과거 시험에 합격해야 했습니다. 과거 시험에 합격하지 않아도 음서제도로 관료가 될 수 있는 권문세족과는 형편이 아주 달랐습니다.

이들 신진사대부는 유교-성리학을 공부했기 때문에 왕에게 충성하고, 백성을 나라의 근본으로 여겨야 한다고 생각했습니다. 그러니 왕을 무시하고 백성들을 괴롭히는 권문세족과는 뜻을 같이할 수 없었습니다. 이들은 벼슬도 높지 않고 세력도 크지 않았기 때문에 아직 권문세족과 대놓고 맞설 수는 없었습니다. 하지만

신진사대부의 등장 성리학은 남송의 주희가 유교를 새로이 발전시킨 학문입니다. 원나라의 간섭 시기에 고려에는 성리학을 공부한 신진사대부들이 등장했습니다. 왼쪽부터 안향, 이제현, 이색, 정몽주.

성리학자 안향

안향은 지금의 경상북도 영주시 풍기읍에서 태어났습니다. 어려서부터 유교 경전을 좋아했고 열여덟 살 때 과거 시험에 합격하여 벼슬살이를 시작했습니다. 유교를 깊이 공부한 안향은 평소에 공자와 주자(주희)를 매우 존경했습니다. 공자는 유교를 만든 사람이고 주자는 유교의 철학을 체계적으로 다시 정리한 사람입니다.

안향은 주자의 학문을 더 공부하고 싶었지만 고려에는 아직 주자가 쓴 책이 많지 않았습니다. 그러다가 안향은 충렬왕이 원나라에 갈 때 따라가 주자의 책을 손수 베끼고 공자와 주자의 초상화를 구해 고려로 돌아왔습니다. 그 뒤로도 안향은 두 차례 더 원나라에 가서 유교에 관한 책이나 그림 등을 구해 왔습니다. 안향은 집에 공자와 주자의 초상화를 걸어 두고 열심히 공부했습니다. 또 자신이 읽고 깨우친 것을 여러 사람에게 가르치기도 했습니다.

안향은 젊은 선비들이 오직 공부에만 집중할 수 있도록 도왔습니다. 젊은 선비들이 공부할 때 필요한 음식이나 책을 대어 주며 뒷바라지하려면 돈이 필요했습니다. 안향은 관료들로부터 돈을 거두어서 이 비용으로 쓰자고 제안했습니다. 충렬왕도 안향의 제안을 기쁘게 받아들이며 돈을 내놓았습니다.

안향의 노력으로 고려에는 많은 성리학자들이 생겨났습니다. 안향이 죽자 조정에서는 '문성'이라는 시호를 내려 주었습니다. 안향은 조선시대에도 존경을 받았습니다. 조선 중종 때 주세붕은 안향의 고향인 풍기의 군수가 되자 안향을 기념하여 백운동서원을 세웠습니다. 우리나라 최초의 서원입니다. 백운동서원은 명종 때 퇴계 이황의 요청에 따라 이름을 소수서원으로 바꾸었습니다. 이때 명종은 직접 쓴 현판과 함께, 세금을 내지 않도록 특혜를 내려 주었습니다. 소수서원은 훗날 흥선대원군이 서원을 대부분 없앴을 때도 살아남아 지금까지 보존되고 있습니다.

똑똑하고 젊었으며, 변화에 대한 마음이 간절했습니다. 이색·정몽주·정도전 등이 이끄는 신진사대부는 차츰 고려 조정에 새로운 바람을 불러 일으켰습니다.

공민왕의 개혁 정치

원나라의 간섭을 받던 시기에 고려 왕들은 제대로 된 정치를 펼치기가 어려웠습니다. 원나라를 등에 업은 권문세족의 횡포는 날로 심해져 갔고, 충선왕으로부터 심왕(심양왕) 자리를 물려받은 왕고의 후손들은 원나라를 부추겨 고려를 손에 넣으려고 했습니다. 고려는 어떻게든 원나라의 그늘을 벗어나려 했지만 쉬운 일이 아니었습니다.

충혜왕의 아들 충목왕이 여덟 살에 왕위에 올랐지만 얼마 지나지 않아 죽고, 열두 살 된 충정왕이 뒤를 이었습니다. 신하들은 왕이 어려 나라를 제대로 다스리지 못한다며 원나라에 다른 왕을 보내 달라고 요청했습니다. 이에 원나라에 머물던 충혜왕의 동생이 고려로 돌아와 왕위에 올랐습니다. 바로 공민왕입니다.

공민왕은 열두 살 때 원나라에 건너가 10여 년 동안 그곳에서 살았습니다. 그런 만큼 원나라 안의 사정을 속속들이 알고 있었습니다. 공민왕이 보기에 원나라

고려에 목화를 퍼트린 문익점과 정천익

목화는 꽃이 피었다 진 뒤 열매가 터지면 그 안에서 솜이 나오는 식물입니다. 문익점은 공민왕 때 원나라에 사신으로 갔다가 그곳 사람들이 목화솜으로 실을 잣는 모습을 보았습니다. 그는 고려에도 목화를 심어야겠다고 생각하고 목화 씨앗을 가지고 돌아왔습니다.

문익점과 장인 정천익은 목화 씨앗을 나누어 심었지만 겨우 한 그루만 살려 낼 수 있었습니다. 이처럼 목화는 키우기 아주 어려운 식물입니다. 땅이 메마르거나 잡초가 조금만 자라도 죽어 버립니다. 그러니 물을 적당하게 주고, 자주 김매기를 해 주어야 합니다. 문익점과 정천익은 3년 동안 노력한 끝에 목화를 재배하는 데 성공했습니다.

하지만 두 사람은 목화솜에서 어떻게 씨앗을 빼내고 솜만 남기는지도, 그 솜으로 어떻게 실을 잣는지도 몰랐습니다. 정천익은 수소문 끝에 원나라 승려 홍원으로부터 그 방법을 배웠습니다. 또 목화솜에서 씨앗을 빼내는 기계인 씨아와 솜에서 실을 잣는 기계인 물레도 만들어 냈습니다. 마침내 목화에서 옷감(무명)을 얻을 수 있게 된 것입니다.

이전까지 고려 사람들은 누에고치에서 뽑아 낸 비단, 동물의 털과 가죽, 삼베 등으로 옷을 해 입었습니다. 하지만 비단이나 짐승의 털과 가죽으로 만든 옷은 너무 값비싸거나 실용성이 떨어졌고, 삼베옷은 너무 빨리 해지고 추위를 제대로 막아 주지 못했습니다. 이에 비해 무명으로 만든 옷은 가볍고 따뜻했습니다. 무명옷은 백성들의 일상 옷으로 자리 잡았고, 목화는 한반도의 주요 작물이 되었습니다.

목화 씨를 빼는 씨아

솜으로 실을 잣는 물레

실로 옷감을 만드는 베틀

는 서서히 무너지고 있었습니다. 안에서는 황제 자리를 놓고 다툼이 끊이지 않았고, 밖에서는 백성들의 반란이 끊이지 않았습니다. 공민왕이 고려로 돌아오던 해에는 몽골족의 지배를 받던 옛 송나라 사람들(한족)이 홍건적의 난을 일으켰습니다. 이미 허약해진 원나라는 홍건적을 제대로 막아 내지 못했습니다. 그 어지러운 시기에 원나라 황실의 어두운 모습을 보고 겪은 공민왕은 원나라가 머지않아 무너질 것이라고 생각했습니다.

　고려로 돌아온 공민왕은 원나라의 간섭에서 벗어나고, 조정을 주무르던 권문세족을 몰아내기로 마음먹었습니다. 하지만 공민왕 앞에 놓인 현실은 결코 만만치 않았습니다. 원나라가 아무리 약해졌다지만 아직 함부로 무시할 수는 없었습니다. 원나라를 등에 업은 권문세족들도 마찬가지였습니다. 그들은 조정의 중요한 벼슬자리를 모두 꿰차고 자기들끼리 한편이 되어 서로 감싸 주고 있었습니다. 공민왕은 나라 밖으로는 원나라와 멀지도 가깝지도 않게 관계를 이어 가야 했고, 안으로는 권문세족의 힘을 조금씩 줄여 가야 했습니다.

　공민왕은 우선 몽골식 머리 모양인 변발과 몽골식 옷을 없애 버리고, 고려의 전통을 되살렸습니다. 또 '전민변정도감'이라는 관청을 만들어 토지와 인구를 조사하게 했습니다. 권문세족이 빼앗은 땅과 노비로 삼은 백성들을 제자리로 돌려놓으려 한 것입니다. 사실 원종과 충렬왕 때도 전민변정도감을 세웠지만 권문세족의 반대로 아무 일도 하지 못한 채 문을 닫아야 했습니다. 공민왕이 다시 만든 전민변정도감도 마찬가지로 권문세족의 반대 때문에 별다른 일을 하지 못했습니다. 권문세족을 억누르기에는 아직 공민왕의 힘이 부족했습니다.

　공민왕과 권문세족 사이의 힘겨루기는 점점 치열해졌습니다. 그런 가운데 공민왕의 개혁에 불만을 품은 원나라 기황후의 오빠 기철과 그를 따르던 사람들이 몰래 반란을 일으키려 했습니다. 이를 미리 눈치챈 공민왕은 잔치를 여는 척하며 그들을 불러 모아 놓고는 모두 죽였습니다. 권문세족의 중요한 기둥을 무너뜨린 것이었습니다.

뒤이어 공민왕은 군대를 보내 화주(함경남도 영흥)의 쌍성총관부를 공격했습니다. 이곳은 예로부터 고려 영토였지만 원나라가 쌍성총관부를 세워 직접 다스리고 있었습니다. 하지만 원나라가 기울면서 쌍성총관부가 힘을 쓰지 못하자 공민왕이 그 기회를 노려 공격한 것이었습니다. 고려군은 화주 토착 세력과

공민왕과 왕비 노국대장공주 태조 이성계가 조선을 건국한 뒤 조선의 종묘에 모신 공민왕 부부의 초상화.

힘을 합쳐 쌍성총관부를 무너뜨렸습니다. 고려 조정에서는 도움을 준 토착 세력 이자춘을 동북면병마사로 임명했습니다. 이자춘은 이를 바탕으로 아들 이성계와 함께 세력을 키우기 시작했습니다.

자신감을 얻은 공민왕은 원나라 연호를 버리고 더욱 개혁에 힘을 쏟으려 했습니다. 하지만 북쪽에서는 홍건적이, 남쪽에서는 왜구가 자꾸 국경을 넘어와 공민왕의 발목을 잡았습니다. 게다가 원나라 기황후가 기철의 죽음을 알고 복수하기 위해 군대를 보냈습니다. 공민왕은 군대를 움직여 홍건적과 왜구를 물리치고, 원나라 군대를 막아 냈습니다. 이때 원나라와의 싸움에서 최영 장군과 젊은 이성계의 활약이 도드라졌습니다.

그즈음 공민왕의 왕비인 노국대장공주가 아이를 낳다가 죽고 말았습니다. 노국대장공주는 원나라 위왕의 딸로, 공민왕이 고려의 왕위에 오르는 데 결정적인

〈천산대렵도〉 공민왕이 그린 것으로 전해지는 그림입니다. 천산을 배경으로 말을 타고 사냥하는 모습을 그렸습니다.

역할을 했습니다. 공민왕은 노국대장공주의 죽음을 크게 슬퍼하여 나랏일을 돌보지 않았습니다. 그리고 승려인 신돈에게 거의 모든 권한을 주어 자기 대신 나라를 다스리게 했습니다.

신돈은 이전까지 별로 유명하지 않은 승려였습니다. 그의 어머니는 절의 노비였습니다. 신돈은 글을 읽거나 쓸 줄 몰랐지만 말솜씨가 좋아 공민왕의 마음을 사로잡았습니다. 공민왕은 신돈이 자신을 대신해서 권문세족을 억누르고 고려를 개혁해 낼 것이라고 믿었습니다. 그래서 신돈에게 51개 글자나 되는 긴 이름의 벼슬을 주고 나랏일을 모두 맡겼습니다.

신돈은 권력을 잡자마자 전민변정도감을 다시 설치했습니다. 그리고 권문세족의 땅을 빼앗아 원래 주인에게 돌려주고, 노비가 된 백성들을 풀어 주었습니다. 신돈은 공민왕이 기대한 대로 권문세족의 눈치를 보지 않고 거침없이 나랏일을 처리해 갔습니다. 백성들은 신돈이 부처님, 공자님같이 훌륭한 사람이라며 기뻐했습니다.

홍건적은 왜 붉은 두건을 썼을까

중국 춘추전국시대에는 많은 사상가들이 나타났습니다. 사상가들은 "세상을 어떻게 다스려야 할까?" "사람은 어떻게 살아야 할까?" 하는 질문에 나름대로 답을 찾아 내보였습니다. 이들은 자기가 내세운 사상을 제자들에게 가르쳤으며, 저마다 학문의 갈래를 이루었습니다. 이 사상가들과 학문의 갈래를 합쳐 제자백가라고 합니다. 공자·맹자·순자의 유가(유교), 노장·장자의 도가(도교), 이사·상앙의 법가, 손자·오자의 병가 등이 제자백가의 주요한 흐름으로 자리 잡았습니다.

그중에는 추연·추석이 세운 음양가 사상도 있었습니다. 음양가는 세상이 음양과 오행으로 이루어졌고 그것들이 서로 작용하여 세상이 변화한다고 주장했습니다. 음양가에 따르면 남자·햇빛 비치는 곳·가벼운 것·움직이는 것은 양, 여자·어두운 곳·무거운 것·움직이지 않는 것은 음입니다. 또 오행은 세상을 이루는 다섯 가지 원소로, 나무[木]·불[火]·흙[土]·쇠[金]·물[水]을 일컫습니다. 오행은 나무 → 불 → 흙 → 쇠 → 물의 순서로 생겨나고, 서로 어울리고 싸우면서 세상을 변화시킵니다. 이 오행은 각각 색깔이나 방향이 정해져 있습니다. 나무는 파란색에 동쪽, 불은 빨간색에 남쪽, 흙은 노란색에 중앙, 쇠는 흰색에 서쪽, 물은 검은색이고 북쪽입니다.

음양가는 중국 사람들 생각에 큰 영향을 끼쳤습니다. 중국 사람들은 나라(왕조)도 오행에 따라 돌고 돈다고 생각했습니다. 음양가에 따르면 중국 한나라는 불의 기운을 띠고, 색깔은 붉은색입니다. 불 다음에는 흙이 생겨날 차례죠? 그래서 농민들이 반란을 일으킬 때 머리에 흙을 의미하는 노란색[황] 수건[건]을 썼습니다. 이들이 바로 황건적입니다. 또 몽골이 세운 원나라는 나무를 뜻하고 색깔은 푸른색입니다. 나무 다음에는 불이고, 불은 빨간색입니다. 그래서 반란 세력은 머리에 빨간색[홍] 두건[건]을 두르고 홍건적의 난을 일으켰습니다.

공민왕의 개혁 정치

공민왕은 쌍성총관부를 공격해서
화주 지역을 되찾았습니다.

공민왕은 북쪽의 홍건적, 남쪽의 왜구와 싸워
그들을 물리쳤습니다.

공민왕은 승려 신돈에게 정치를 맡겼습니다. 신돈은 처음에는 개혁 정치를 펼쳤지만 차츰 사치를 일삼고 잘못을 저질렀습니다.

공민왕은 정치를 개혁하고 명나라와 손잡으려 했지만 이를 반대하는 신하들 손에 죽임을 당했습니다.

하지만 신돈의 개혁 정치는 계속되지 못했습니다. 권력을 빼앗긴 권문세족은 물론이고 신진사대부들도 신돈을 싫어했습니다. 권력을 함부로 휘두를 뿐 아니라 유교에서 싫어하는 불교의 승려이기 때문이었습니다.

무엇보다도 신돈 스스로가 문제를 일으켰습니다. 신돈은 차츰 권력에 젖어서 권문세족보다 더 못된 짓을 저질렀습니다. 개경에 커다란 집을 일곱 채나 차지하고 풍족한 생활을 누렸습니다. 나랏일을 원칙 없이 처리하고, 자기에게 뇌물 바친 사람을 높은 벼슬자리에 앉히기도 했습니다. 처음에는 믿음을 보내던 공민왕도 신돈이 무리하게 행동하자 차츰 마음이 흔들렸습니다. 백성들도 신돈에 대한 원망의 목소리를 높였습니다.

신돈은 공민왕이 자신을 의심하자 오히려 공민왕을 죽이려 했습니다. 그 사실을 눈치 챈 공민왕이 먼저 신돈을 죽였습니다. 신돈이 죽고 얼마 지나지 않아 공민왕도 신하들에게 죽임을 당했습니다. 이로써 쓰러져 가는 고려를 다시 일으켜 세우려던 공민왕의 꿈은 물거품이 되고 말았습니다.

우왕의 외교 정책

공민왕의 개혁 정치가 성공하지 못한 이유는 신돈과의 갈등도 있었지만, 권문세족의 횡포를 막지 못한 것이 가장 컸습니다. 또 어수선한 동아시아 상황도 한몫을 했습니다. 중국의 양자강 남쪽에서는 주원장이 명나라를 세우고 북쪽 원나라를 공격하여 원나라의 수도인 대도를 점령했습니다. 원나라 순제는 몽골 초원의 카라코룸으로 수도를 옮겼습니다. 이 나라를 원나라와 구별하기 위해 '북원'이라고 합니다.

이 소식은 고려에도 바로 전해졌습니다. 이때 공민왕은 재빨리 사신을 보내 명나라와 외교 관계를 맺었습니다. 하지만 얼마 지나지 않아 상황이 다시 바뀌었습니다. 명나라가 북원을 멸망시키려고 군대를 보냈다가 크게 패배한 것입니다. 비록 몽골 초원으로 쫓겨났지만 북원은 여전히 만만한 상대가 아니었습니다. 더욱이 심양을 중심으로 만주 일대를 다스리던 나하추는 북원과 손잡고 명나라 북쪽 국경을 위협했습니다.

이런 형편이니 고려는 어느 나라 편에 서야 할지 갈피를 잡지 못했습니다. 고려 조정은 원나라와 관계를 유지하려는 친원파와 명나라와 가깝게 지내려는 친명파로 나뉘었습니다. 친원파에는 예전부터 원나라와 가까운 관계를 유지하던 권문세족이 많았습니다. 친원파는 북원이 다시 군대를 일으켜 명나라를 무너뜨릴 것이라고 주장했습니다. 이에 비해 친명파에는 새로이 등장한 신진사대부가 많았습니다. 신진사대부는 좀 더 유교적인 문화를 가진 명나라를 편들었습니다.

공민왕은 명나라에는 친명파를, 북원에는 친원파를 사신으로 보냈습니다. 명나라와 북원 어느 쪽으로도 치우치지 않고 균형을 잡으며 외교 관계를 유지한 것입니다. 이런 이중 외교는 한동안 고려를 안전하게 지켜 주었습니다. 하지만 이중 외교는 늘 불안하고 눈치를 살필 수밖에 없습니다. 게다가 공민왕은 기본적으

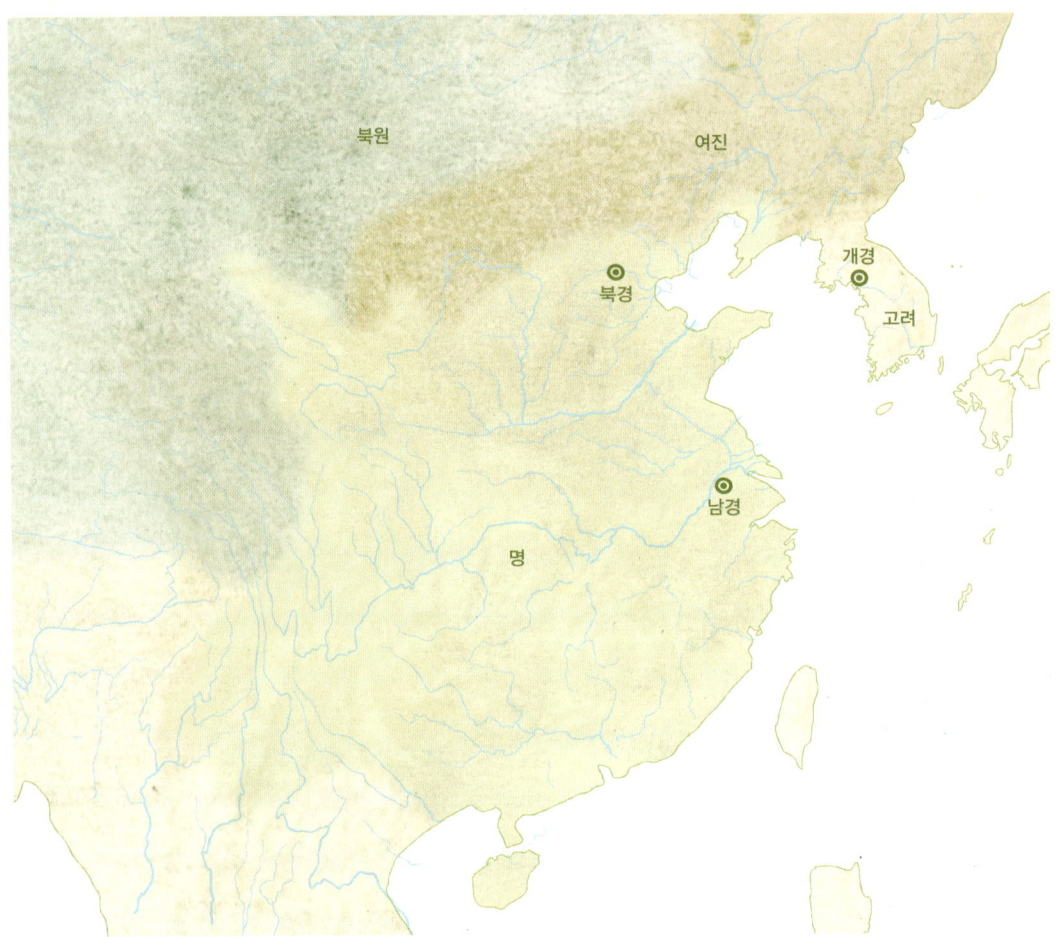

14세기 중반 동아시아 주원장은 원나라를 물리치고 명나라를 세웠습니다(1368년). 원나라는 몽골 초원으로 밀려났으며(북원), 이 틈을 타 만주 지역에서 여진족이 세력을 키웠습니다.

로 원나라를 좋아하지 않았기 때문에 차츰 명나라 쪽으로 기울었습니다. 이 때문에 친원파들은 늘 불만이었습니다. 그들은 결국 공민왕을 죽이고 우왕을 왕위에 앉혔습니다.

우왕은 신돈의 몸종이던 여자와 공민왕 사이에서 태어난 아들입니다. 어떤 사람들은 우왕이 공민왕의 아들이 아니라 신돈의 아들이 아닐까 의심했습니다. 이 때문에 몇몇 사람들은 우왕이 아닌 다른 왕족을 왕위에 올리려 했습니다. 하지만 친원파는 공민왕의 뜻이라고 우겨서 겨우 열 살이던 우왕을 왕위에 앉혔습니다.

이인임이 이끄는 친원파는 어린 왕을 자리에 앉히고 조정 권력을 움켜쥐었습니다. 하지만 이인임 세력도 제멋대로 권력을 휘두르지는 못했습니다. 신진사대부들이 어느덧 조정의 중요한 벼슬자리를 차지하고 있었으며, 최영과 이성계 등 군인 세력도 상당한 힘을 가지고 있었기 때문입니다.

친원파와 친명파는 어느 한쪽으로 힘이 기울었다고 할 수 없을 만큼 팽팽하게 맞섰습니다. 고려 조정은 살얼음판을 걷는 듯 긴장이 감돌았습니다.

마침내 큰일이 터지고 말았습니다. 명나라 사신을 따라가며 보호해 주던 김의라는 사람이 국경 부근에서 명나라 사신을 죽이고 북원으로 도망쳐 버린 것입니다. 명나라에서는 이 일을 빌미로 고려를 압박해 왔습니다. 사실 이 일이 아니더라도 명나라는 고려가 북원과 관계를 끊지 않는 것에 불만과 의심을 가지고 있었습니다. 그래서 군대를 보내 고려를 공격할 거라고 위협하면서, 해마다 금 5백 근, 은 5만 냥, 말 5천 필을 보내라는 무리한 요구를 하였습니다.

고려 조정은 명나라의 요구에 조금이나마 맞추어 주면서 우왕을 고려의 왕으로 책봉해 달라고 요청했습니다. 명나라 황제가 다른 나라의 왕을 책봉하면 두 나라 사이에 사대—자소 관계가 맺어지게 됩니다. 황제 나라와 신하 나라로 관계

화약과 대포를 만든 최무선

고려 말기에는 홍건적뿐 아니라 바다 건너 일본의 왜구들까지 고려를 공격해 왔습니다. 특히 작은 규모로 예고 없이 쳐들어오는 왜구를 막기란 여간 성가신

승자총통 고려 말에서 조선 초에 만들어진 화약 무기.

일이 아니었습니다. 고려 공민왕은 왜구를 물리치기 위해 명나라에 대포와 화약 만드는 방법을 알려 달라고 요청했습니다. 하지만 명나라는 냉정히 거절했습니다.

얼마 후 사정이 조금 변했습니다. 고려에서 왜구를 잘 막아 내지 못하자 왜구들이 명나라의 바닷가 마을까지 넘나든 것이었습니다. 그제야 명나라는 큰 은혜를 베푸는 양 고려에 화약 재료를 보내 주었습니다. 하지만 그걸로 문제가 모두 해결되지는 않았습니다. 그 재료들을 어떤 비율로 섞어야 하는지도 모르는 데다 명나라에서 보내 준 재료가 떨어지면 더 이상 화약을 만들 수 없기 때문이었습니다. 이때 활약한 사람이 바로 최무선입니다.

최무선은 왜구들과 수차례 싸우면서 대포의 필요성을 절실하게 느꼈습니다. 최무선은 오랜 연구 끝에 초석·유황·분탄을 섞어 화약을 만든다는 사실을 알아냈습니다. 유황과 분탄은 고려에서도 쉽게 구할 수 있었지만, 문제는 초석(질산칼륨)이었습니다. 최무선은 수소문 끝에 초석을 만들 줄 아는 명나라 상인에게서 그 방법을 배웠습니다.

화약 만드는 방법을 알아낸 최무선은 고려 정부에 화약 만드는 관청을 세워 달라고 요청했습니다. 최무선의 끈질긴 요청으로 우왕 때 화통도감이 설치되었습니다. 화통도감에서는 화약과 갖가지 대포를 만들어 냈습니다. 최무선은 이 대포로 왜구들을 손쉽게 물리쳤습니다. 이 기술은 후대로 이어졌으며, 조선시대에는 더 많은 종류의 대포와 더불어, 화약의 힘으로 화살을 쏘아 보내는 일종의 로켓까지 만들게 되었습니다.

를 맺는다는 건 서로 전쟁을 하지 않고 평화롭게 지내겠다는 약속이나 마찬가지입니다. 그러니 명나라가 우왕을 고려의 왕으로 책봉해 주면 고려를 공격하지 않겠다는 뜻이 됩니다.

  이 사실을 모를 리 없는 명나라는 여러 차례 고려의 요청을 거절했습니다. 오히려 무리한 요구와 위협을 했으며, 심지어 명나라를 찾은 고려 사신들을 붙잡아 가두기도 했습니다. 고려와 명나라 사이에는 전쟁의 기운이 감돌고 있었습니다.

위화도 회군

이즈음 고려에서 권력을 쥐고 있던 사람은 바로 최영이었습니다. 최영은 원나라, 홍건적, 왜구를 상대하며 수많은 전쟁터를 누빈 장수였습니다. 최영은 강직한 성품과 두려움을 모르는 용맹한 전술로 거의 모든 전투에서 승리했습니다. 싸움에서 이길 때마다 최영의 벼슬은 높아졌고 백성들의 기대도 커졌습니다. 신돈의 모함으로 6년 동안 유배된 적도 있지만 다시 돌아온 뒤에는 더욱 높은 벼슬에 올랐습니다.

  최영이 조정으로 돌아왔을 때 조정은 이인임 세력이 장악하고 있었습니다. 최영은 이성계와 손잡고 이인임을 쫓아낸 후 가장 높은 관직인 문하시중에 올랐습니다. 그러고는 권력 다툼에만 빠져 있는 관료들을 내쫓았습니다. 쫓겨난 이들 중에는 권문세족뿐만 아니라 신진사대부들도 있었습니다. 이성계와 다른 신진사대부들이 반대하며 말렸지만 소용없었습니다. 최영은 지나치게 원칙만 고집하여 조그마한 잘못만 있어도 죽이거나 벌을 내렸습니다. 그러자 최영을 믿고 따르던 사람들조차 조금씩 그를 멀리하게 되었습니다.

이때 명나라는 요동 지역을 다스리던 나하추를 무너뜨리고 강원도 철령 북쪽 땅까지도 모두 자기네 영토로 삼겠다고 밝혔습니다. 고려로서는 큰 위기였습니다. 명나라에 사신을 보내 그곳이 고려 땅이라고 주장했지만 소용없었습니다. 오히려 명나라는 군사·행정 기구인 철령위를 설치하고 관리까지 파견했습니다. 더 이상 참을 수 없었던 최영은 명나라와 전쟁을 벌이기로 결정했습니다. 요동을 공격하여 고구려의 옛 땅까지 되찾겠다는 계획이었습니다. 명나라에든 원나라에든 한 치의 땅도 내어 줄 수 없다는 생각이었습니다.

최영은 젊은 시절 원나라군과 함께 양자강 부근까지 가서 홍건적과 전투를 벌여 승리한 경험이 있었습니다. 이성계도 원나라에서 설치했던 서경의 동녕부를 공격해서 몰아낸 경험이 있었습니다. 최영은 이성계와 함께 군대를 이끌고 나선다면 명나라와의 전쟁에서 충분히 승리할 수 있다고 생각했습니다.

하지만 군대를 앞장서서 이끌어야 할 이성계의 생각은 달랐습니다. 이성계는 네 가지 이유를 들어 요동을 공격해서는 안 된다고 주장했습니다. 작은 나라가 큰 나라를 공격해서는 안 되고, 더운 여름철에 군사를 일으키면 안 되고, 고려 군대가 모두 북쪽으로 이동하면 남쪽의 왜구를 막을 수 없으니 안 되고, 장마철이어서 활을 사용하기 어렵고 전염병이 돌 수 있으니 안 된다는 것이었습니다.

최영은 이런 이성계의 말에 귀를 기울이지 않았습니다. 최영은 스스로 8도도통사가 되고 조민수를 좌군도통사, 이성계를 우군도통사에 임명하여 군대를 이끌게 했습니다. 1388년 4월, 4만여 명의 군사와 1천2백여 명의 일꾼과 2만여 필이 넘는 말이 서경을 출발해서 북쪽으로 향했습니다. 기마병을 중심으로 군대를 꾸려서 빠르게 요동 지역을 공격하고 되돌아올 계획이었습니다.

고려군은 압록강 하류의 위화도에 이르렀습니다. 그런데 이때 장맛비에 강물이 불어나서 고려군은 꼼짝도 하지 못한 채 보름 가까이 위화도에 머물러야 했습

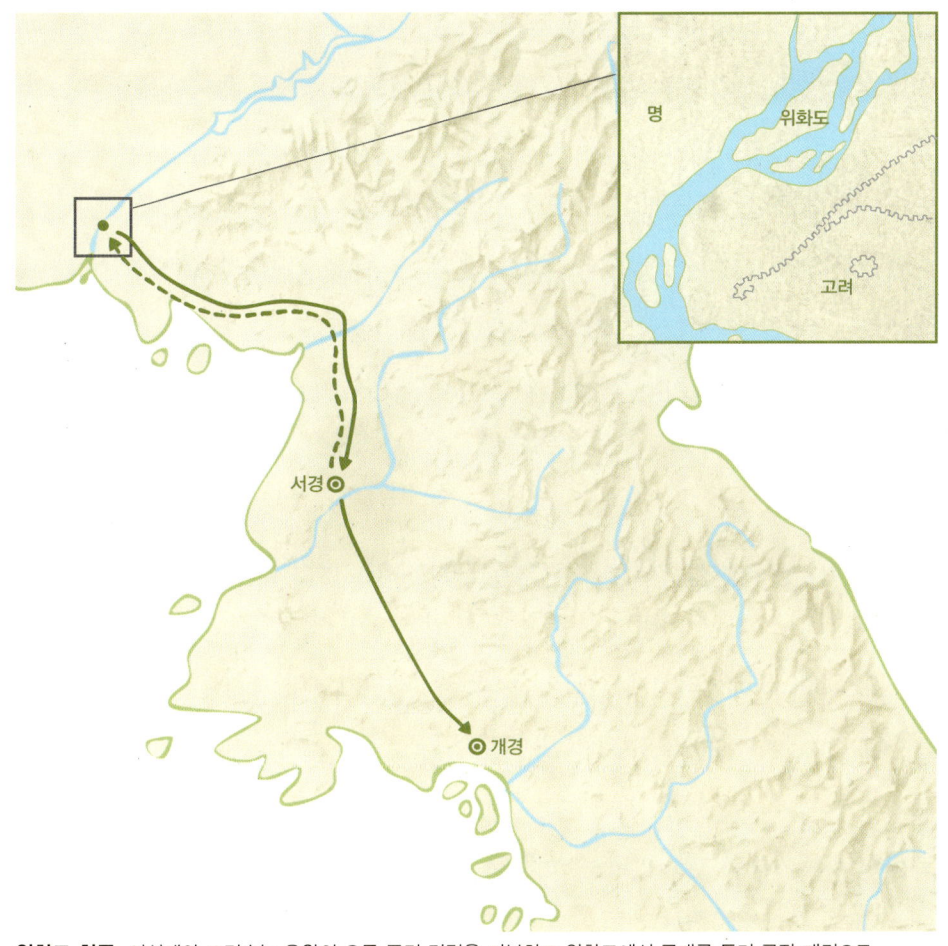

위화도 회군 이성계와 조민수는 우왕의 요동 공격 명령을 거부하고 위화도에서 군대를 돌려 곧장 개경으로 향했습니다.

니다. 사람도 말도 비에 젖어 괴로워했습니다. 이성계와 조민수는 더 나아갈 수 없다고 생각하여 군대를 되돌리게 해 달라고 요청했습니다. 하지만 우왕과 최영은 계속 앞으로 나아가라는 명령을 보내왔습니다.

이성계와 조민수는 결국 위화도에서 군대를 돌리기로 결정했습니다. 이 사건을 '위화도 회군'이라고 합니다. 위화도 회군은 곧 우왕에 대한 반역이었습니다.

군인이 왕과 상관의 명령을 어겼으니 목숨을 내놓아야 했습니다. 살아남으려면 최영을 몰아내고 권력을 잡는 수밖에 없습니다. 위화도에서 돌아나온 군대는 곧장 개경으로 향했습니다.

이성계와 조민수의 군대는 고려의 주력 부대였습니다. 최영이 얼마 남지 않은 군대를 거느리고 개경을 방어하려 했지만 역부족이었습니다. 결국 최영은 제 발로 걸어 나와 이성계에게 항복했습니다. 명나라와의 전쟁에 반대하는 이성계에게 군대를 주어 보낸 최영의 잘못은 칼이 되어 되돌아 왔습니다. 이성계는 어쩔 수 없는 일이라며 최영과 눈물로 작별했습니다. 최영은 유배되었다가 곧 처형되었습니다.

이성계와 조민수 군대는 별다른 싸움 없이 개경을 손에 넣었습니다. 이어 우왕을 유배 보내고, 아홉 살밖에 되지 않은 우왕의 아들 창왕을 왕위에 앉혔습니다. 이로써 고려 조정은 이성계와 조민수 세력의 차지가 되었습니다. 조정에서는 명나라에 사신을 보내 이성계와 조민수가 위화도에서 군대를 돌려 최영과 우왕을 몰아냈다고 알렸습니다.

고려군이 요동을 공격한다는 소식을 듣고 명나라 태조(주원장)는 직접 군대를 이끌고 나가 막으려 했습니다. 그만큼 고려와의 전쟁을 심각하게 받아들인 것이었습니다. 얼마 후 위화도 회군 소식을 들은 명나라 태조는 군대를 거두었습니다. 그러고는 태도를 바꾸어 고려와 너무 강경하게 대립하지 않기로 했습니다. 더욱이 명나라는 북원과 전쟁을 치르느라 크게 힘을 쓴 뒤라 다시 다른 나라와 전쟁을 치르기보다는 국내의 안정을 꾀해야 할 때였습니다. 명나라는 철령위 설치를 취소하고 고려를 위협하는 행동도 중단했습니다.

명나라와의 관계가 안정되자 이성계 세력은 조민수를 죽이고 창왕마저 쫓아냈습니다. 우왕은 신돈의 아들이고, 창왕은 그 손자라는 이유에서였습니다. 그리

최영 장군 묘 최영은 고려의 멸망을 상징하는 무신 관료였습니다. 최영의 대쪽 같은 성품 때문에 묘에 풀이 자라지 않는다는 이야기가 백성들 사이에 전해지기도 했습니다. 경기도 고양시.

고 공양왕을 새로운 왕으로 내세웠습니다. 공양왕은 고려의 20번째 왕이었던 신종의 후손으로 공민왕과는 촌수도 헤아릴 수 없을 만큼 먼 친척이었습니다. 공양왕은 왕이 되기 싫어했지만 억지로 왕위에 오르게 되었고, 왕으로서 권한을 가지지도 못했습니다.

고려 조정의 중심 세력이 된 신진사대부들 중에는 그래도 고려를 지켜야 한다는 사람들이 일부나마 남아 있었습니다. 그 대표적인 사람이 바로 정몽주로, 고려 왕조의 마지막 기둥이었습니다. 이성계 세력은 한때 고려를 개혁하기 위해 뜻을 같이했던 정몽주를 설득하려고 했습니다. 이성계의 다섯째 아들 이방원은 정몽주의 집에 찾아가 〈하여가〉를 지어 불렀습니다.

선죽교 이방원은 부하를 보내 정몽주를 선죽교에서 살해했습니다. 이로써 고려 왕조를 지키려던 사람들은 모두 사라졌으며, 이성계 세력은 새로운 나라 조선을 건국했습니다. 황해북도 개성시.

이런들 어떠하며 저런들 어떠하리
만수산 드렁칡이 얽혀진들 어떠하리
우리도 이같이 얽히어 백 년까지 누리리라.

왕이 왕씨든 이씨든 아무 상관없으니 자신들에게 협조하여 함께 부귀영화를 누리자는 뜻이었습니다. 그러자 정몽주는 〈단심가〉를 지어 응답했습니다.

이 몸이 죽고 죽어 일백 번 고쳐 죽어
백골이 진토되어 넋이라도 있고 없고
임 향한 일편단심이야 가실 줄이 있으랴.

정몽주는 고려 왕조를 향한 변치 않는 마음을 〈단심가〉에 담아 표현했던 것입니다. 정몽주의 마음을 확인한 이방원은 부하를 보내 선죽교에서 정몽주를 죽였습니다. 훗날 조선 태종이 된 이방원은 이 일이 마음에 걸렸는지 죽은 정몽주에게 가장 높은 벼슬인 영의정과 '문충'이라는 시호를 내려 주었습니다.

정몽주가 죽자 이성계 세력을 방해할 사람은 아무도 없었습니다. 이성계를 따르던 사람들은 내친김에 공양왕을 쫓아내고 이성계를 왕으로 받들었습니다. 이로써 고려는 태조 왕건이 나라를 세운 지 475년 만에 망하고, 새로운 나라 조선이 건국되었습니다. 1392년의 일이었습니다.

고려가 멸망하던 즈음에 벼슬자리에서 물러나 숨어 살던 학자 길재는 훗날 개경을 지나던 길에 이런 시조를 남겼습니다.

오백 년 도읍지를 필마로 돌아드니
산천은 의구한데 인걸은 간 데 없네
어즈버 태평연월이 꿈이런가 하노라.

최영과 이성계

고려 말기에 어지러워진 나라를 다시 세우려던 신진사대부들은 자신들의 생각을 실현하는 데 힘이 되어 줄 인물을 찾았습니다. 신진사대부들이 눈여겨본 사람은 바로 최영과 이성계였습니다. 최영과 이성계는 홍건적과 왜구를 연달아 물리치며 군인으로서 이름을 널리 알렸습니다. 두 사람은 뛰어난 전술과 곧은 성품으로 부하들과 백성들의 믿음과 존경을 받았습니다. 두 사람이 신진사대부들 편에 서 준다면 권문세족과 맞서는 데 큰 힘이 될 것이 틀림없었습니다.

우리는 전쟁터에서 서로 믿고 의지하던 사이였어.

신진사대부들은 먼저 최영에게 기대를 걸었습니다. 최영은 그의 아버지 최원직이, "황금 보기를 돌같이 하라"고 남긴 유언을 평생 지키며 살았습니다. 우왕이 땅을 상으로 주어도 받지 않았고 오히려 자기 재산을 덜어 나라 살림에 보태었습니다. 그만큼 재물에 욕심이 없고 평생 나라를 위해 산 사람이었습니다.

최영은 훌륭한 장군이었지만 훌륭한 정치가는 아니었습니다. 많은 공을 세운 끝에 가장 높은 관직인 문하시중이 되었지만 타협을 모르는 성품 탓에 너무 많은 사람을 죽였습니다. 많은 비리를 저지른 이인임과 그 일파를 몰아내는 데 그치지 않고, 그들과 친하다는 이유로 많은 사람들을 죽이거나 쫓아냈습니다. 당시 어떤 사람은 최영을 두고, "최영의 공은 온 나라를 덮을 만하지만 그 죄는 온 세상에 가득하다"고 말할 정도였습니다. 그래도 최영은 충성을 다하여 고려 왕조를 지키고자 했던 사람이었습니다.

최영에게 등을 돌린 신진사대부들은 이제 이성계에게 기대를 걸었습니다. 이성계의 고조부는 원나라가 다스리던 쌍성총관부로 옮겨 가 원나라 관직을 지내던 사람이었습니다. 그의 아버지 이자춘은 공민왕이 쌍성총관부를 공격할 때 고려군과 함께 싸웠고, 그 공로를 인정받아 고려의 무신 관료가 되었습니다. 몇 해 뒤 이자춘이 죽자 이성계는 아버지의 벼슬을 물려받았습니다.

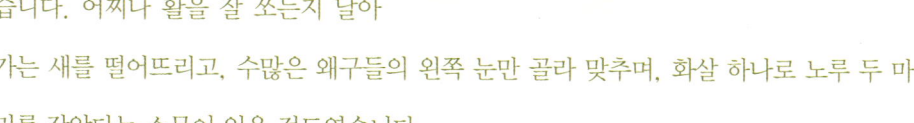

이후 이성계는 홍건적, 원나라 장수 나하추, 왜구들과 싸워 큰 공을 세웠습니다. 어찌나 활을 잘 쏘는지 날아가는 새를 떨어뜨리고, 수많은 왜구들의 왼쪽 눈만 골라 맞추며, 화살 하나로 노루 두 마리를 잡았다는 소문이 있을 정도였습니다.

이성계는 용감한 군인이면서도 최영과는 달리 너그럽고 겸손했습니다. 심지어 적이라도 함부로 죽이지 말고 목숨을 살려 주라고 했습니다. 물론 이런 이야기들은 이성계를 돋보이게 하려고 나중에 꾸며 낸 것일 수도 있습니다. 하지만 이성계가 최영보다 너그러웠던 것만은 사실인 것 같습니다.

이성계의 여러 아들 가운데 다섯째 아들 이방원(훗날 조선의 태종)과 여섯째 아들은 성리학을 공부하여 과거에 합격했습니다. 이성계는 이 두 아들을 통해 신진사대부들과 사이좋은 관계를 맺었습니다. 결국 이성계와 신진사대부는 힘을 합쳐 고려를 무너뜨리고 새로운 나라 조선을 건국했습니다.

최영과 이성계는 공민왕이 쌍성총관부를 공격할 때 처음 인연을 맺었습니다. 그때부터 최영은 이성계를 아끼고 끝까지 믿었습니다. 이성계도 군인으로서 최영을 깊이 존경하고 따랐습니다. 하지만 정치의 소용돌이에 휘말리면서 두 사람은 다른 길을 걷게 되었습니다. 한 사람은 끝까지 고려를 지키려다가 죽었고, 다른 한 사람은 고려를 멸망시키고 새 나라를 열었습니다.

유물로 보는 역사

금속 활자

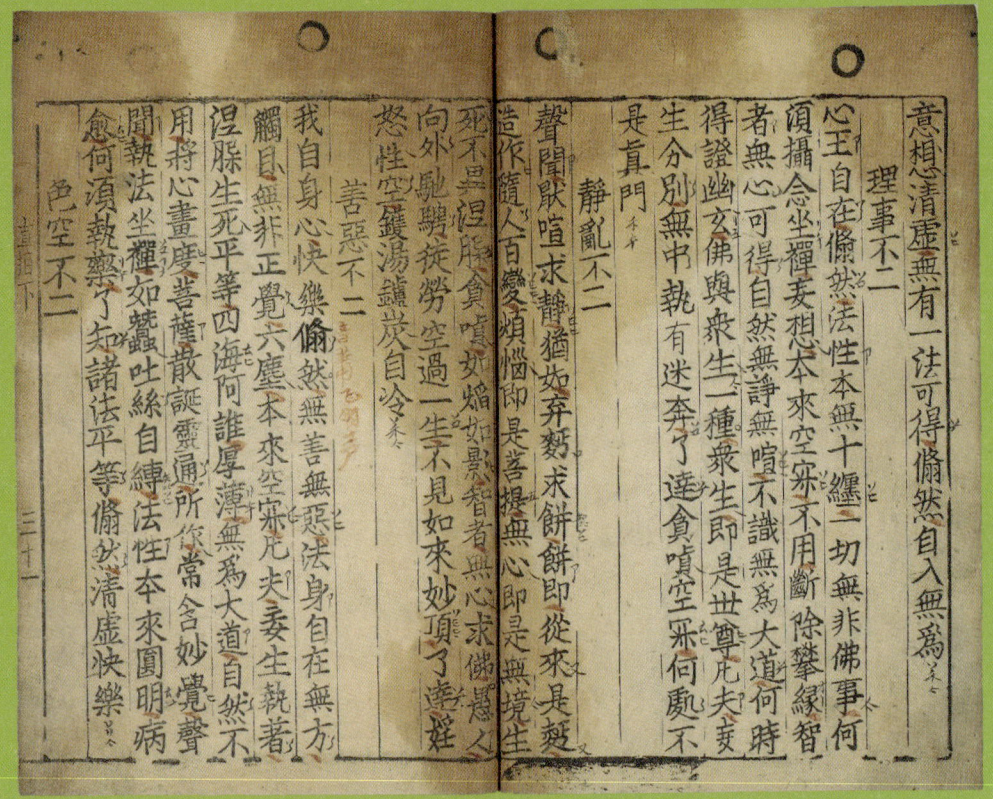

《직지심체요절》

고려는 팔만대장경판을 만들 정도로 세련된 목판 인쇄 기술을 지니고 있었지만, 목판 인쇄술에는 몇 가지 단점이 있었습니다. 인쇄할 책이 두꺼우면 두꺼울수록 많은 나무판이 필요했습니다. 나무는 땔감으로도 써야 했고 집 짓는 데도 써야 했기 때문에 함부로 베어다 쓰기에는 부족했습니다. 그뿐만이 아니었습니다. 나무판에 글자를 새기다가 한 글자만 잘못돼도 아예 새로운 나무판에다 다시 새겨야 했습니다. 글자 하나 때문에 나무판을 통째로 버리는 셈이었습니다.

나무판에 글자를 새기느라 애를 먹던 사람들은 좋은 방법을 생각해 냈습니다. 한 글자, 한 글자씩 나무토막에 새겨 놓았다가 필요할 때마다 사용하면 어떨까 하고 말이죠. 조그만 나무토막 하나에 글자 하나를 새긴 다음, 나무판 위에 글자를 순서대로 끼워 넣으면 목판에 새긴 것과 똑같이 인쇄할 수 있습니다. 다음 면을 찍을 때는 앞에서 찍은 글자들을 빼내어 다시 끼워 넣으면 됩니다. 아주 편리한 방법이었지요. 이렇게 나무토막에 글자 하나를 새겨서 인쇄하는 기술을 '목활자 인쇄'라고 합니다.

목활자에도 한 가지 단점이 있었습니다. 작은 나무토막에 글자를 새기다 보니 글자 획이 자주 떨어져 나가거나 부서졌습니다. 좀 더 좋은 방법이 없을까요? 사람들은 다시 꾀를 내어 구리 같은 금속으로 활자를 만들었습니다. 고려 사람들은 이미 구리로 동전을 만들어 본 경험이 있었습니다. 구리로 동전을 만드는 것과 활자를 만드는 것은 기본적으로 같은 기술입니다. 동전에도 글자가 새겨져 있으니까요. 이렇게 해서 고려의 기술자들은 세계 최초로 금속 활자를 만들었습니다. 1377년에 펴낸 《직지심체요절》은 오늘날 남아 있는 세계 최초의 금속 활자 책입니다.

금속 활자가 인류 역사에서 중요한 이유는 책을 한꺼번에 많이 인쇄하여 공급할 수 있기 때문입니다. 그렇게 하면 귀족만이 아니라 보통 사람들도 책을 읽어서 지식을 쌓을 수 있게 됩니다. 하지만 고려의 금속 활자는 그런 발전을 이루어 내지 못했습니다. 처음부터 책을 많이 인쇄하려는 생각에서 금속 활자를 만든 게 아니었던 데다 그때까지 글자를 깨우친 백성이 많지 않았을 뿐더러 금속 활자를 만드는 데는 비용도 아주 많이 들었기 때문입니다. 이 때문에 세계에서 처음으로 만들어진 고려의 금속 활자는 지식과 정보를 널리 알리는 데까지 나아가지는 못했습니다.

한국사 연표

918년	태조 왕건, 고려 건국
926년	발해 멸망
935년	경순왕, 고려 태조에게 항복(신라 멸망) 후백제 견훤, 고려 태조에게 귀순
936년	고려 태조, 후삼국 통일
956년	광종, 노비안검법 시행
958년	광종, 과거제 실시
960년	광종, 사색 공복 제정 [아] 조광윤, 송나라 건국
976년	경종, 시정전시과 시행
982년	최승로, 성종에게 〈시무28조〉 올림
983년	성종, 지방 행정 조직 12목 설치
993년	거란의 1차 침입. 서희, 소손녕과 담판
996년	우리나라 최초의 동전 건원중보 만듦
998년	목종, 개정전시과 시행
1009년	강조, 목종 쫓아내고 현종 왕위에 앉힘
1010년	거란(요)의 2차 침입. 강조 죽음
1019년	강감찬, 거란군 물리침(귀주대첩)
1049년	문종, 양반 공음전시 제정
1054년	[세] 기독교 분열(로마 가톨릭, 그리스 정교)
1076년	문종, 갱정전시과 시행
1077년	[세] 신성로마제국 황제, 교황에게 굴복(카노사의 굴욕)
1087년	흥왕사에서 초조대장경 완성
1096년	초조대장경을 대구 부인사로 옮김 [세] 십자군전쟁 시작
1097년	대각국사 의천, 천태종 일으킴 동전 만드는 기관인 주전도감 설치
1108년	윤관, 여진 정벌하고 9성 축조
1115년	[아] 여진 아골타, 금나라 건국
1126년	이자겸의 난
1127년	[아] 송나라, 금나라에 멸망당함 남송 건국
1135년	묘청의 난
1145년	김부식 등, 《삼국사기》 지음
1170년	정중부·이의방 등, 무신의 난 일으킴
1176년	망이·망소이의 난(전국에서 민란 발생)
1179년	경대승, 정중부 죽이고 집권
1192년	[아] 일본, 가마쿠라막부 등장
1196년	최충헌 집권
1198년	만적의 난
1200년	최충헌, 도방 설치 보조국사 지눌, 조계종 일으킴
1206년	[아] 테무친(칭기즈칸), 몽골 통일

• 아시아사는 [아], 세계사는 [세]로 표기

1209년	최충헌, 교정도감 설치
1219년	몽골-고려군, 강동성(거란) 함락 최충헌 죽고 아들 최우 집권
1227년	[아] 칭기즈칸, 서하 정복 칭기즈칸 죽음
1231년	몽골 살리타이, 고려 1차 침입
1232년	수도를 강화도로 옮김(몽골, 2차 침입) 김윤후, 처인성에서 살리타이 죽임
1234년	금속활자로《상정고금예문》펴냄 [아] 몽골, 금나라 멸망시킴
1235년	몽골, 3차 침입
1236년	팔만대장경 만들기 시작함
1258년	김준·임연 등 최의 죽임(최씨 정권 끝남)
1259년	태자 원종, 강화를 위해 몽골로 떠남
1260년	원종, 귀국해서 왕위에 오름 [세/아] 몽골 쿠빌라이, 대칸(세조)이 됨
1270년	강화도에서 개경으로 수도 옮김 삼별초의 난
1273년	배중손 죽고 삼별초의 난 끝남
1274년	원종 세자(충렬왕), 쿠빌라이 딸과 결혼 고려-원나라 연합군, 1차 일본 정벌
1279년	충렬왕, 도평의사사 설치 [아] 원나라, 남송 멸망시킴
1285년	일연,《삼국유사》지음

1299년	[세] 오스만제국 건설 마르코 폴로,《동방견문록》펴냄
1302년	[세] 프랑스 삼부회 소집
1337년	[아] 일본 무로마치막부 성립 [세] 영국과 프랑스, 백년전쟁 시작
1340년	고려 여인 기씨, 원나라 순제의 황후가 됨
1351년	공민왕, 원나라에서 돌아와 왕이 됨 [아] 홍건적의 난
1356년	공민왕, 기철 등 친원파 처형 원나라 연호 사용 중지
1363년	문익점, 목화씨 들여옴
1365년	공민왕비 노국대장공주 죽음 신돈, 공민왕 대신 정치 주도
1366년	신돈의 제안으로 전민변정도감 설치
1368년	[아] 주원장, 명나라 건국 원나라, 몽골 초원으로 쫓겨남(북원)
1369년	고려, 명나라와 외교관계 맺음 [아] 중앙아시아에 티무르제국 건설
1377년	최무선, 화약과 화포 만듦
1388년	최영, 문하시중이 됨 요동 정벌군, 위화도 회군 이성계, 최영 죽이고 우왕 몰아냄
1391년	과전법 시행
1392년	이방원, 정몽주 죽임 태조 이성계, 조선 건국

찾아보기

ㄱ

가미카제 139
강감찬 60, 63, 65, 82, 83
강동6주 55, 59, 60, 63
강동성 116
강민첨 60, 63
강조 58, 59, 82
강종 101
강화도 101, 107, 116, 120~122, 128~147
개정전시과 56, 67
갱정(경정)전시과 67~70
거란(요) 16, 42, 45, 50~66, 76, 79~82, 116, 117, 147
견훤 12, 15
경대승 93, 96~99, 103
경순왕 10, 11, 18
경종 19, 24, 25, 28, 56, 58, 67
고려도경 69
고려청자 45, 84, 85
고종 101, 113, 119, 121, 123, 126, 130~133, 141
공노비 40, 42
공민왕 43, 44, 138~141, 156, 160~168, 173, 176
공부 33, 34, 140
공양왕 138, 141, 173, 175
공음전시 67, 70
과거제도 21~23, 44, 150, 156
광군 50
광종 18~25, 44, 47
교정도감 96, 99, 101, 103
구삼국사 110, 133
구재학당 68, 70
권문세족 143, 150, 154~160, 164, 165, 169, 176
귀위크칸 126, 128
귀족 24, 40~42, 56~59, 66, 85, 150, 179
귀주대첩 59, 61, 65, 66, 82
귀화인 44, 45
금나라 69, 76, 79~81, 88, 116~118
금속활자 62, 178, 179
기인제도 11, 12
기철 151, 158, 159
기황후 151, 158, 159
길재 175
김방경 135, 136
김보당 89~91
김부식 69, 75~78, 110, 111
김사미와 효심의 난 106
김윤후 122, 123, 130
김준 131~134
김치양 58
김통정 136

ㄴ

나하추 165, 170, 177
낙성대 82
노비 12, 20, 21, 31, 40~42, 98, 107, 109, 132, 150, 152, 158, 160
노비안검법 20~22

ㄷ

단심가 174, 175
당나라 33, 50, 51, 132, 146
대각국사 의천 68, 70
대도수 54
대장군 38, 39, 88, 90, 97
도방 93, 96, 99, 102, 103
도병마사 34, 142
도선 16, 17
도참 17, 25
도평의사사 34, 142, 150
동계 36, 39, 66, 90, 91, 130
동국중보 62
동국통보 62
동명왕편 110, 111, 133
동전 62, 179
두경승 96~99, 107

ㅁ

만권당 145
만적의 난 109
망이·망소이의 난 104, 105
명종 88, 89, 92, 96, 98, 101, 106, 155
명학소 103, 104
목종 19, 56~59, 67
목활자 179
몽골 45, 47, 50, 51, 60, 68, 96, 102, 103, 107, 116~139, 144, 146, 150~153, 158, 165, 166
몽케 128, 130, 132

묘청 74, 76~78
묘청의 난 78, 88
무신의 난 39, 88~92, 97, 107, 112, 134, 150
무신정권 94, 95, 105, 107, 110, 111, 131, 150, 152
문벌귀족 56, 71, 78, 91, 94, 112, 150, 152
문음제도(음서제도) 23, 41
문익점 157

ㅂ

박술희 19
발해 12, 13, 50~54, 80
배중손 135, 136
백운동서원 155
벽란도 70~72
병부 33, 34
보조국사 지눌 113
북계 36, 39, 66, 91
북원 165~167, 172
불교 12, 13, 16, 17, 28~33, 43~46, 57, 60, 68, 70, 102, 112, 113, 142~147, 164

ㅅ

사노비 40, 42
사대 70, 75, 119, 167
사성정책 12
사심관제도 11, 12
사학12도 70
사헌대(어사대) 34

살리타이 118, 122, 123, 128
삼국사기 75, 110, 133
삼국유사 133
삼별초 134~136
삼사 34
3성 6부 33
삼한중보 62
삼한통보 62
상서성 33, 34, 140
상장군 38, 39, 89, 90, 99
서방 96, 102, 103
서희 54, 55, 61
세금 12, 16, 21, 24, 30, 33, 34, 41, 56, 99, 106, 120, 135, 152~155
석탑 57, 143
성리학 153~156
성종 25, 28~35, 38, 50, 55, 56, 62, 66
성종(원나라) 142~144
소배압 60, 63, 82
소손녕 54, 55
소수서원 155
손변 100
송광사 112, 113
송나라(북송, 남송) 52, 55, 59, 61, 68~72, 76, 80, 81, 88, 118, 122, 126, 132, 139, 146, 153, 154
수박희 97
시무28조 22, 28, 29, 31~33, 35
시정전시과 56, 67
식목도감 34
신돈 141, 160, 163~166, 169, 173

신의군 103, 134
신종 88, 99, 101, 138, 173,
신진사대부 153~156, 164~169, 173, 176, 177
심양왕(심왕) 144, 145, 156
12목 37, 66
쌍기 21, 44
쌍성총관부 159, 162, 176, 177

ㅇ

아골타 79, 80
안향 154, 155
야별초 102
양계 38, 39, 66, 67
양반 40, 41
양수척(화척) 40, 42
양인(서인) 21, 31, 40~42, 107
여진족 42, 44, 52~55, 76, 79~81, 166
연등회 12, 16, 30, 32
연운16주 51, 52
예부 33, 34, 140
예종 23, 66, 71, 74, 80
오고타이 118, 123, 126, 137
5대10국 21, 44, 50, 51
5도 양계 67
왕규 25
왕식렴 19
우별초 102, 103
우왕 138, 141, 165~173, 176

찾아보기

원나라 34, 122, 134, 137~145, 150~161, 165~170, 176, 177
원종 43, 134~138, 141, 158
위화도 회군 169~172
유교 12, 16, 23, 25, 28~33, 44, 47, 68, 70, 75, 83, 111, 112, 133, 145, 153~155, 161, 164
6위 38, 39
윤관 79, 80, 81
윤관 9성 80, 81
윤회 28
응양군 38
의종 88, 89, 96, 97, 134
2군(응양군·용호군) 38, 39
이규보 110, 111, 133
이방원 173~177
이부 33, 34, 140
2성 6부 33, 34, 140
이성계 41, 45, 141, 159, 167~177
이승휴 133
이의민 89, 90, 96~99, 106, 107
이의방 88~92, 96
이인임 167, 169, 176
이자겸 71, 74, 76
이자겸의 난 74, 78, 88
이자춘 159, 176
이제현 145, 154
인종 23, 71, 74~77, 88
인종(원나라) 144, 145
1부 4사 140
일연 133
임연 131~134

ㅈ

자녀 균분 상속 100
재인 40, 42
저고여 118
전리사 140
전민변정도감 158, 160
전법사 140
전시과 24, 56, 67~70, 152
정동행성 139, 140
정몽주 154, 156, 173~175
정방 96, 102, 103
정종(고려 3대 왕) 19, 20, 25, 50, 69
정종(고려 10대 왕) 67
정중부 89
정지상 74~78
정천익 157
제왕운기 133
조계종 113
조공무역 71
조광윤 52
조민수 170~172
조위총 91, 92, 103~105
좌별초 102, 103
주진군 38, 39
주현군 38, 39
중방 39, 90, 93, 96, 99
중서문하성 33, 34, 140
중추원 34
직지심체요절 178, 179

ㅊ

창왕 138, 141, 172, 173
처인성 122, 123, 128
척준경 69, 74, 76
천인 31, 40, 42
천태종 68, 91
천추태후 58
첨의부 140
초조대장경 60, 122, 147
최무선 168
최승로 22, 29, 31~37
최씨 정권 101, 106, 128, 134
최영 159, 167~173, 176, 177
최우 96, 101~103, 111, 113, 118~123, 128
최의 96, 101, 128, 131, 132
최지몽 25
최충 67, 68, 70
최충수 99
최충헌 95, 96, 99~103, 106~109, 111~113, 118, 131
최항 96, 101, 128, 131
충렬왕 133, 136~144, 155, 158
충선왕 138, 141~145, 150, 156
충숙왕 12, 138, 143, 145
칭기즈칸(테무친) 116~118, 126, 128, 137

ㅋ~ㅍ

쿠릴타이 128, 132
쿠빌라이(세조) 132, 134, 137~139, 142, 151

탁타(낙타)교 53

탐라도(제주도) 104, 135, 136

태조 왕건 10~19, 25, 46, 50, 53, 175

태조 왕건 동상 46, 47

판도사 140

팔관회 12, 16, 30, 32, 69

팔만대장경 113, 128, 146, 147, 178

풍수지리 12, 16, 17, 28, 29

ㅎ

하여가 174

해동통보 62

해인사 113, 147

향리 24, 39~41, 56, 106, 154

향·소·부곡 40, 42, 103, 104

현종 19, 38, 58, 59, 67, 82

형부 33, 34, 140

혜종 19, 25, 47, 69

호라즘 117

호부 33, 34, 140

호족 10~15, 19~25, 35~43, 56, 57, 67, 82, 150

홍건적 15~162, 168~170, 176, 177

화통도감 168

황룡사 9층목탑 123, 128

황소의 난 50

훈요십조 13, 16~18, 28

희종 96, 101

사진·그림 자료 제공 및 출처

11쪽 왕건 **개성 왕씨 족보** | 13쪽 개태사 **문화재청** | 17쪽 도선 **순천 선암사** | 18쪽 경순왕릉 **문화재청**

20쪽 용미리 불상 **문화재청** | 32쪽 연등회 **문화재청** | 41쪽 화령부 호적 **국립중앙박물관**

43쪽 고려 불상 **문화재청** | 46쪽 왕건 동상 **북한 조선중앙력사박물관(국립중앙박물관)**

52쪽 출렵도 **타이완국립고궁박물관** | 57쪽 고려 석탑 **문화재청** | 58쪽 아집도 **호암미술관**

60쪽 초조대장경 **국립중앙박물관** | 62쪽 건원중보 **국립민속박물관** | 68쪽 의천 **선암사 성보박물관**

75쪽 삼국사기 **문화재청** | 77쪽 월야선유도 **국립중앙박물관** | 79쪽 아옥석지모탕구도 **타이완국립고궁박물관**

80쪽 척경입비도 **고려대학교박물관** | 83쪽 낙성대 **문화재청** | 84쪽 청자상감구름학무늬매병 **간송미술관(문화재청)**

85쪽 청자연꽃무늬표주박형주전자 **삼성미술관 리움** | 85쪽 청자사자모양향로 **국립중앙박물관**

85쪽 청자참외모양병 **국립중앙박물관** | 89쪽 폐왕성 **김철봉** | 102쪽 불정심관세음보살대다라니경 **중앙박물관**

112쪽 송광사 **문화재청** | 113쪽 혜심고신제서 **송광사 성보박물관** | 116쪽 칭기즈칸 **타이완국립박물관**

117쪽 몽골과 금나라 전쟁 **프랑스국립도서관** | 121쪽 강화 왕궁 터 **문화재청** | 123쪽 처인성 **김호경**

126쪽 카라코룸 **박상육** | 135쪽 남도석성 **문화재청** | 139쪽 몽고습래회사 **일본 궁내청**

142쪽 수월관음도 **일본 가가미신사** | 143쪽 경천사지 10층석탑 **문화재청** | 146쪽 팔만대장경 목 **문화재청**

147쪽 해인사 장경각 **문화재청** | 151쪽 원세조출렵도 **타이완국립고궁박물관**

154쪽 안향 **순흥 안씨 문중(문화재청)** | 154쪽 이제현, 이색, 정몽주 **국립중앙박물관**

157쪽 씨아, 물레, 베틀 **국립민속박물관** | 159쪽 공민왕 부부 **국립중앙박물관** | 160쪽 천산대렵도 **국립중앙박물관**

168쪽 승자총통 **경희대학교중앙박물관** | 173쪽 최영 묘 **문화재청** | 178쪽 직지심체요절 **프랑스국립도서관**

179쪽 금속활자 **국립중앙박물관**

• 저작권자를 찾지 못해 게재 허락을 받지 못한 사진은 저작권자가 확인되는 대로 사용 허가를 받고 통상의 사용료를 지급하겠습니다.